学校干部培训的五项核心技术

赵其坤 奚晓晶 主编

南京师范大学出版社

图书在版编目(CIP)数据

学校干部培训的五项核心技术/赵其坤，奚晓晶主编. —南京：南京师范大学出版社，2020.7
 ISBN 978-7-5651-4655-8

Ⅰ.①学… Ⅱ.①赵… ②奚… Ⅲ.①中小学－师资培训－研究 Ⅳ.①G635.12

中国版本图书馆 CIP 数据核字(2020)第 105265 号

书　　名	学校干部培训的五项核心技术
主　　编	赵其坤　奚晓晶
责任编辑	李思思
出版发行	南京师范大学出版社
地　　址	江苏省南京市玄武区后宰门西村 9 号(邮编:210016)
电　　话	(025)83598919(总编办)　83598412(营销部)　83373872(邮购部)
网　　址	http://press.njnu.edu.cn
电子信箱	nspzbb@njnu.edu.cn
照　　排	南京开卷文化传媒有限公司
印　　刷	兴化印刷有限责任公司
开　　本	787 毫米×960 毫米　1/16
印　　张	13.25
字　　数	220 千
版　　次	2020 年 7 月第 1 版　2020 年 7 月第 1 次印刷
书　　号	ISBN 978-7-5651-4655-8
定　　价	38.00 元
出版人	张志刚

南京师大版图书若有印装问题请与销售商调换
版权所有　侵犯必究

《学校干部培训的五项核心技术》编委会

主　编：赵其坤　奚晓晶

副主编：李　峻

编　委：(排名不分先后)

　　　　邓　彤　竺　岭　郑渝萍

　　　　陈亚莉　张　俊

前　言

本书是黄浦区"十三五"学校干部培训的收官之作。

"十三五"期间,上海市黄浦区教育学院干训部在区党工委、组织科以及区教育学院的领导下,不断完善学校干部培养机制,优化干训课程,创新干训方法,拓展干训功能,加强培训机构建设,全面提升培训质量和效益,逐步总结、提炼出了颇具区域特色的学校干部培训模式。主要体现在：第一,开展需求调研,健全以需求为导向的培训机制；第二,形成并完善区域干训"基于需求、任务驱动、项目引领"式研修体系；第三,初步形成培训和实际工作相结合、培训与课题研究相结合的干训模式。

在"十三五"进入尾声之际,干训部同人系统梳理近五年来的实践经验与研究成果,总结提炼出学校干部培训的五大核心技术,最终形成此书。我们谨以此书献给我们所热爱的教育事业,并以此为"十三五"区域干训工作画上一个句号。当然,这个句号,仅仅是在阶段工作暂告一段落这一层面上来说的。

本书是干训实践与研究的接力式、叠罗汉之成果。

"十二五"期间,干训部承担并完成了上海市市级课题"提高干训实效性的'浸润式培训模式'的开发与实施"(课题批准号：B11099)。该课题研究成果《学校干部浸润式培训模式的建构》已于2016年由现代教育出版社出版。

"十三五"阶段的黄浦区学校干部培训没有另起炉灶,始终秉承守正创新、继往开来之原则,在原有实践与研究的基础上进一步开展"四化"研究：致力于推进浸润式培训模式的深化、细化、系统化与操作化。

干训部依据教育部2010年颁布的《中共教育部党组关于教育系统深入开展大规模培训干部工作的实施意见》(教党〔2010〕3号)的有关精神,不断推动干部培训方法模式创新和培训资源建设,积极引入互动式、案例式、研究式、体验式、模拟式等多种培训方法。在"十二五"期间"浸润式培训模式"研究基础上,进一步总结培训模式,改进培训方法,逐步形成了需求驱动、任务驱动、案例研讨、深度体验、跨界融合等培训技术。本书所论述的"五项核心技术"就是这样承前启后、不断接力而形成的果实。

本书是干训部践行"知行合一"培训理念的产物。

理论联系实际，知行融为一体，这是学校干部培训的基本理念。本书作者深入研究学校干部培训的根本需求，注重实际工作与学术研究的有机融合，反思以往学校干部培训存在的主要问题，反复提炼并不断在实践中检验、修正相关的培训技术。例如，针对以往学校干部培训过于理论化的问题，我们尝试运用干训案例研讨与深度融合技术；针对培训内容存在碎片化的现象，我们尝试通过任务驱动整合培训课程；针对培训内容与培训方式单一化的弊端，为了改变以往专家台上报告、学员台下静听的授受式讲座模式，我们侧重运用需求驱动、跨界融合等技术，以项目化研修方式确保干训学员开展自主合作式研修。

上述努力的结果，是我们最终提炼出学校干部培训的五项技术。实践证明，运用这些培训技术所开展的相关培训，都受到了学员的普遍欢迎，黄浦区学校干部培训的针对性与实效性有了较大提升。

我们有充分的理由相信，本书所提炼的这些源于实际又致力于优化实际的干训核心技术，将在促进学校干部专业成长，助力学校发展中发挥其应有的作用。

本书亦是多方合力之结晶，凝聚了许多领导、专家学者的心血和智慧，是集体智慧的结晶，是团队协作的成果。

"十三五"期间，黄浦区教育党工委、组织科对干训工作给予了强有力的支持。黄浦区教育学院党总支书记赵其坤、教育学院院长奚晓晶在本书的出版策划、全书框架拟制以及编辑组织等工作中都提出了方向性指导要求，并做出了周密、全面的安排。李峻副院长在分管干训工作之后，也对本书的编辑、出版提出了许多富有建设性的意见。黄浦区"十三五"各类干训班学员也为本书提供了众多支持。另外，干训部全体成员承担了书稿的编撰工作。在此对以下老师表示衷心的感谢：邓彤（第一章）、竺岭（第二章）、郑渝萍（第三章）、陈亚莉（第四章）、张俊（第五章）。

本书编委会

2019 年 11 月

目 录

第一章 需求驱动技术 …………………………………………………… 1
  第一节 学习需求内涵及理据 ………………………………………… 1
    一、学习需求的界定 ……………………………………………… 1
    二、学习需求的分类 ……………………………………………… 3
    三、基于需求建构培训课程 ……………………………………… 4
  第二节 学习需求分析技术 …………………………………………… 5
    一、学习需求分析概述 …………………………………………… 5
    二、学习需求分析技术 …………………………………………… 7
  第三节 基于需求的课程设计技术 …………………………………… 16
    一、补偿培训技术 ………………………………………………… 17
    二、按需施训技术 ………………………………………………… 18
    三、学习支援技术 ………………………………………………… 20
  第四节 案例分享:基于需求建构培训课程 ………………………… 30
    一、调研培训需求 ………………………………………………… 31
    二、分析调研结果 ………………………………………………… 33
    三、建构培训课程 ………………………………………………… 40

第二章 任务驱动技术 …………………………………………………… 45
  第一节 任务驱动技术的内涵和意义 ………………………………… 45
    一、任务驱动技术的内涵 ………………………………………… 45
    二、任务驱动技术的意义 ………………………………………… 45
  第二节 任务资源技术 ………………………………………………… 46
    一、任务资源技术的内涵 ………………………………………… 46
    二、任务资源技术的原则 ………………………………………… 47
    三、任务资源技术的实践 ………………………………………… 47

  第三节 任务驱动实施技术 …………………………… 79
    一、确定任务,精确规划 ………………………………… 79
    二、针对任务,有效实施 ………………………………… 81
    三、引入评价,及时反馈 ………………………………… 88

第三章 案例研讨技术 …………………………………… 91
  第一节 案例研讨技术概述 …………………………… 92
    一、案例研讨技术的由来 ………………………………… 92
    二、案例研讨技术的核心理念 …………………………… 92
    三、案例研讨技术的主要原则 …………………………… 93
    四、案例研讨技术的优点与不足 ………………………… 94
  第二节 案例研讨设计与实施技术 ……………………… 95
    一、流程式案例研讨技术 ………………………………… 95
    二、主题式案例研讨技术 ………………………………… 103
    三、切片式案例研讨技术 ………………………………… 106
    四、案例研讨技术的实践反思 …………………………… 111
  第三节 学校管理案例选粹 …………………………… 112
    一、学校教育管理案例 …………………………………… 112
    二、学校人事管理案例 …………………………………… 126
    三、学校总务管理案例 …………………………………… 135
    四、学校意外伤害事故案例 ……………………………… 138

第四章 深度体验技术 …………………………………… 144
  第一节 深度体验技术概述 …………………………… 144
    一、深度体验的界定与特点 ……………………………… 144
    二、深度体验的分类 ……………………………………… 145
    三、深度体验的课程 ……………………………………… 149
  第二节 深度体验技术的四个要领 ……………………… 151
    一、深度体验的双主融合技术 …………………………… 151
    二、深度体验的开放有度技术 …………………………… 152
    三、深度体验的有效互动技术 …………………………… 153

四、深度体验的拓展创新技术 …………………………… 154
　第三节　深度体验活动集锦 ……………………………………… 155
　　一、游戏参与式体验活动 ………………………………… 156
　　二、工作场景式体验活动 ………………………………… 158
　　三、手工制作式体验活动 ………………………………… 166
　　四、沙盘模拟式体验活动 ………………………………… 168

第五章　跨界融合技术 ……………………………………………… 173
　第一节　跨界融合的价值及内涵 ………………………………… 173
　　一、跨界的含义与价值 …………………………………… 173
　　二、跨界融合的内涵 ……………………………………… 178
　第二节　跨界融合的操作原理 …………………………………… 179
　　一、跨界融合的操作思路 ………………………………… 179
　　二、跨界融合的操作原则 ………………………………… 180
　　三、跨界融合的技术要领 ………………………………… 181
　　四、跨界融合的注意事项 ………………………………… 182
　第三节　跨界融合的路径 ………………………………………… 183
　　一、先进理念的跨界融合 ………………………………… 184
　　二、课程资源的跨界融合 ………………………………… 185
　　三、先进技术的跨界融合 ………………………………… 188
　　四、专家资源的跨界融合 ………………………………… 190
　第四节　案例分享：跨界融合的学校管理 ……………………… 193
　　一、跨界理念引领学校发展案例 ………………………… 194
　　二、跨界技术提升学校管理案例 ………………………… 197

第一章

需求驱动技术

当前,课程与教学领域正在发生一场重大的转向。这一转向的基本路径大致如高文教授所描述的那样:"从标准化转变为根据学习者的需求进行定制,从关注教材的呈现转变为重点分析学习者的需求,从内容的灌输转变为帮助学习者理解。"[①]

正是基于这一背景,我们提出了学校干部浸润式培训模式,并开展了课题研究,最终归纳总结出学校干部培训的五项核心技术。"需求驱动"就是其中最为重要的核心技术。我们对这一核心技术做了进一步拆分,分解为如下两项子技术:学习需求分析技术和基于需求的课程设计技术。

现对上述技术的基本概念及其具体内容阐述如下。

第一节 学习需求内涵及理据

教育理论家奥苏贝尔认为"教学最重要的原理就是探明学习者已知什么,并据此进行教学",而维果茨基在"最近发展区理论"、加涅在"学习任务的分析"中都以不同方式强调了学习者需求对于课程与教学的重要价值。

一、学习需求的界定

什么是学习者的学习需求?为什么学校干部培训必须基于学习需求呢?

[①] 高文.教学设计研究的未来——教学设计研究的昨天、今天和明天(之三)[J].中国电化教育,2005,3:24-28.

对于这些问题的回答,我们可以从课程理论中找到基本的学理依据。在课程设计层面上,有研究者认为课程设计必须从以下几个方面描述学习者的特征[①]:

(1) 认知特点,包括学习者特定的先行知识、一般能力、特殊能力、发展水平、语言发展水平、阅读水平、认知加工的风格、认知和学习策略等;

(2) 生理特征,包括学习者的身体健康状况及其身体器官的状态、功能等;

(3) 情感特征,包括兴趣、动机、学习动机、对学科内容的态度、学习态度、对特殊形式媒体的感知和经验、学业自我概念、焦虑水平、信念和对成功的归因等;

(4) 社会性特征,包括同伴关系、对权威的态度、合作或竞争的倾向、道德水平、社会经济背景、种族/民族背景,从属关系和榜样等。

还有学者则认为对学习者的分析一般包括以下内容[②]:

(1) 学习者对从事特定的学习内容已经具备的有关知识与技能;

(2) 学习者对相应的学习内容的认知与态度,即学习者的初始能力和教学起点;

(3) 学习者的一般特征,即能够对学习者的学习产生影响的心理、生理和社会特点,以及学习者的学习风格。

综上所述,我们认为,学习者的学习需求大体表现在三个环节:学习起点、学习过程和学习结果。这三者之间并非简单的线性关系,而是一种循环往复、总体呈螺旋上升的复杂的关系。在学习起点环节,基于需求的培训致力于对学习者的学习起点加以研判,然后根据得出的学情确定培训目标、制订培训内容。在学习过程环节,基于需求的培训还要不断分析"过程学情",最终通过"结果学情"来评价培训实施的效果,同时又将"终点学情"作为新的"起点学情"建构下一轮培训的学习内容。

从培训课程设计者的立场上看,起点状态的学习需求是重中之重。起点状态的学习需求大致可以细分为如下两个方面:一是学习者的学习需要,二是学习者的学习经验。

---

① P. L. 史密斯,T. J. 雷根. 教学设计(第三版)[M]. 庞维国,等译. 上海:华东师范大学出版社,2008.

② 杨九民,梁林海编著. 教学系统设计理论与实践[M]. 北京:北京大学出版社,2008.

二、学习需求的分类

日常意义上的"学习需求"通常有两个含义:一是作为学习驱动力的需求,二是作为实现目标学习的需求(必需)。前者主要指学习者在学习中对某一学习内容的喜好兴趣等情况,类似于通常所说的"想要",而后者则指学习者为达到某一学习目标所必须具备的条件,接近于日常所言的"需求"。

在具体学习过程中,二者经常是杂糅于学习过程中并被人们模糊处理的。但是,实际上,学习者"喜欢什么、想要什么"和"实际需求什么"是完全不同的,为此,培训课程设计者必须将其明确区分。

本书将"学习需求"分为如下两类:一类界定为"学习愿望",另外一类界定为"实际缺失"。

所谓"学习愿望",大致可称为"学习动机",也就是学习者在"想要"层面上的"学习驱动力",大致可归属于学习者的情感态度等层面。现代学习理论认为,动机是学习过程中不可或缺的要素,它以情绪、态度和意志等模式出现,与学习的内容和结果同等重要。动机因素在学习个体的学习中发挥作用,因此被称为"情绪智力"。学习动机总是会影响学习结果,要发展的知识总是附加有情绪的气氛和印记。西方心理学家自弗洛伊德开始一直到皮亚杰都强调学习过程深受动机和情绪的影响。现代脑科学研究也证明,情绪和感受是一种调节机制,它们接收来自身体和环境的冲动,从而激发起学习者的活动、思想和学习。英国心理学家约翰·赫伦认为,"一个人既不能将理智从生理中分割出来,也不能够将理智从情绪中分割出来"[1]。人类的学习是在经验、情绪、理智和社会实践持续不断的互动中完成的。

在学习过程中,动机的重要性不言而喻。因此,基于需求的学校干部培训必须深入分析学习者的学习动机。

所谓"实际缺失",指的是学习者不具备一些完成当下学习任务不可或缺的学习经验,这些缺失的学习经验,客观上便构成学习者的"学习需求"。

---

[1] [丹麦]克努兹·伊列雷斯.我们如何学习——全视角学习理论[M].孙玫璐,译.北京:教育科学出版社,2010:90.

"学习经验"有两个层级。

第一个层级是已有的学习经验,这些经验可能对学习者新的学习产生各种影响,我们称之为先拥经验。先拥经验又分为正面经验和负面经验。所谓正面经验是指能够对学习者当下学习产生积极影响的经验,负面经验则指可能造成学习者学习障碍、学习防御的一些经验。

第二个层级指的是学习者所缺失的学习经验,这类经验可称为待建构的经验。这些待建构的经验就是学习者的"实际缺失"。

基于需求的学校干部培训,需要兼顾两个方面:一方面,要关注学员的兴趣爱好以便"投其所好";另一方面,要研究学员的实际缺失,从而做到"缺啥补啥",实现按需精准施训。

三、基于需求建构培训课程

浸润式培训的根本特征是"以学习者为中心",就是基于学习者需求构建合宜的培训课程。

具体来说,就是致力于分析学习者的实际状况,据此找到学习者问题的症结,进而确定培训目标与培训内容,并组织相应的培训活动,最终促使学习者克服困难并提升自己的水平。基于学情确定培训目标,这是培训课程变革的重要取向。

浸润式培训始终将学员视为培训的真正主体,培训者的作用与价值主要体现在组织、策划、引导学员的研修学习,以及在对学员进行关键性的点拨与帮助。

浸润式培训充分关注学员的主体特征,注重情境与培训对象之间的适合性,根据学员的不同特点、不同需求,选择与学员特点相适应的培训方式、方法、过程,针对不同学员采取不同的培训框架与培训方式,充分体现个别化、个性化、针对性的特点。

浸润式培训是基于学员实际的培训,因学员的信息需求丰富多样,通常无法预设培训的固定顺序,培训只能依据学员的实际需求灵活变化,进行多样化组合。在培训内容方面,浸润式培训模式侧重指向学校管理实践的策略性知识,同样没有固定的培训内容,它是以学校管理经历(完成实践任务)

为基础,依据培训者的实际需求,针对性地对学习者的知识、能力加以补充或完善。

基于学员主体的浸润式培训模式还特别注重对学习者提供必要的学习支持。培训者将通过浸润式培训使学习者的学习支持和学习者的自主活动之间达到一种平衡状态。

在浸润式培训的过程中,培训者需要扮演若干不同角色,如学情分析者、目标与内容确定者、学习帮助者等。国外培训模式中已经形成较为成熟的"教学支援"技术(如"支架设计")和有效的CAT设计流程。所谓"CAT"就是在明确学习目标的基础上,按照情境(C,context的缩写)、活动(A,active的缩写)和工具与模板(T,tool的缩写)的过程进行。①

第二节 学习需求分析技术

实效性和针对性是浸润式学校干部培训的基本原则,浸润式培训模式高度关注学员培训需求。

一、学习需求分析概述

学习需求包含范围甚广。浸润式培训充分考虑参与培训者的实际情况和培训需求,力争为学员提供立意高远、设计精致、实效突出的课程体系。依据学员的实际需求,浸润式培训课程最终形成了由基础型、拓展型、研究型三类培训构成的课程体系。

每开设一个培训班,都应该细致分析培训班的性质与培训对象的特点,按照培训目标选择适切的培训方法,每个班的培训方案都要进行预评估和训前论证。

例如,学员们反映对于校长专业标准了解不够,无法将校长专业标准中的六大领域目标转化为实际工作能力,为此,我们构建了干部培训基础型课程,

---

① 刘云华,衷克定,赵国庆.新加坡微型课程研究项目的实践与启示[J].中国电化教育,2005(11):98-101.

其内容涉及价值领导、教学领导、组织领导、资源领导、文化领导、公共关系六大领域，通过真实情境、实景再现、拟真体验等浸润模式，加深学员对培训内容的理解。

此外，当前学校管理者越来越注重提高自己的各类素养。为满足学员这一要求，我们开设了拓展型课程，其内容包括科学素养、艺术素养、人文素养、心理素养等。例如，我们专门开设了心理选修课程，学员曾这样评价心理课程培训：助人自助，利人利己；相遇恨晚，听课恨迟。经过三年来的实践，干训心理培训逐渐形成了系列化、菜单式的课程系列，学习者心理危机、教师情绪管理、师生心理交流等心理课程活动深受好评。

为满足学员多样化的需求，还要进一步完善课程结构，创新培训模式，干训课程分为必修、选修两部分。

必修课贴近实际工作，贴近学员需求。比如：人事干部培训班开设的"如何规范撰写劳动人事合同""人事纠纷案例解读"等课程广受好评，总务培训班开设的"学校绿化管理""财务税务政策""政府采购流程"等课程非常受欢迎，支部书记培训班开设的"网络环境下的党建工作创新"，校长培训班中开设的"校长专业标准解读""教育国际化理解"等课程让学员实实在在地得到了提升。

对于选修课，我们针对学校干部在工作中经常碰到的沟通交流障碍以及心理自适应调整等问题，开设了心理咨询技术课程班，很多校级干部放弃周末休息的时间参加培训。

在培训方式上，基于学员的要求与愿望，我们对以往的培训模式大刀阔斧地进行了改革。当干训部了解到多数学员对专家讲座类型的"静听模式"意见较大时，便对以往的干部培训模式进行了重大的改革，形成了如下"六结合"的干训教学模式：将班级授课与分组讨论相结合，导师带教与自学交流相结合，问题研究与在岗实践相结合，课题引领与小组研讨相结合，行动研究与主题论坛相结合，互动合作与交流展示相结合。

例如，微论坛就是基于学员需求的一种特色培训方式。定期举办微论坛，选择校长书记关注的热点进行深入探究；注重过程管理，定期展示培训成果，交流学习体会，形成实践、培训、反思、再实践的成长路径，鼓励有思想、有能力的干部脱颖而出。微论坛是基于干部实践课程而设立的，基于校长书记在工作实践中的收获和困扰确立研修专题,为此,我们将校长、书记日常工作的重点内容和能力要求变为论坛的主题,让干部们将管理实践中的成功经验和思想与大家分享,将困惑、瓶颈和反思与大家讨论。

二、学习需求分析技术

按需施训,基于需求开展培训是区域学校干训的必由之路。理解需求是浸润式培训的前提,掌握运用学习需求分析技术是有效开展培训的基本前提。

学习需求分析大致有如下三项基本技术:训前调研,训中反馈,训后回访。其中,最为重要的需求分析技术为训前调研。这一技术是落实培训实效性与针对性的重要保证。训前调研方式主要有如下三种:专题座谈、实地走访和问卷调查。

1. 专题座谈

在培训之前、之中、之后,我们根据培训班性质与培训对象,进行科学分析,按照培训目标选择适切的培训方法,每个班的培训方案都要进行预评估和训前论证,培训方式灵活。在每个培训班开班前,干训部都会召开专题座谈会议,邀请部分校长和教研室专家,对学员的需求进行调研。通过召开研讨会和实地访谈的方式广泛征询意见,了解需求,并进行训前课程的预评估,让培训的针对性和实效性落到实处。在此基础上,逐步形成并最终明确学员的研修专题。

例如,通过专题座谈会议,我们了解到不少学校的人事干部在工作中经常面临人事合同撰写与人事纠纷处理等难题,为此,我们在对学校人事干部开展培训时就确立了"如何规范撰写劳动人事合同""人事纠纷案例解读"等专题。再如,针对学校总务主任的工作实际,我们在总务主任培训班中就根据学员需求确定了"学校绿化管理""财务税务政策""政府采购流程"等专题。我们针对学校党支部书记,根据当下工作特点确定了"网络环境下的党建工作创新"等专题。此外,随着基础教育改革的不断深入,学校管理层对"教育国际化"等问题产生了浓厚兴趣,我们开设了有关教育国际化的微型课程。许多学校干部在工作中经常碰到沟通交流障碍以及心理需要适应与调整,针对这些问题,我们与上海师范大学合作开办了心理咨询技术专题培训研修等课程。

这里列举一个"学校经费使用"专题研修案例加以说明。

根据学员实际需求,我们确定了一个学校管理者普遍关注的研修专题:如何使用学校经费?之所以确定这一研修专题,是由于2013年12月财政部发布了《中小学校会计制度》新规并于2014年1月1日正式开始实施,特别是中央发布"八项规定"之后,基层学校在财务管理工作中产生了一些困惑。尤其是学校支部书记,作为"三重一大"(重大决策、重要干部任免、重要项目安排、大额资金使用)集体决策制度制定的组织者,如何配合校长做好学校财务工作?这些问题成为困扰基层学校支部书记的大难题。同样,工会主席在工作中也涉及许多经费问题。这些通过专题座谈会议了解到的学员的实际需求,均来自现实中的问题,最终成为浸润式培训的专题研修内容。为此,干训部开设了这一研修专题,邀请上海市总工会经审部主任为培训班全体学员做了"关于工会经费的使用和管理的辅导"的报告,使得大家接受了一次"及时雨"式的培训指导。现回放一段培训现场的情境如下。

主任在报告中说,做好工会经费的合理支出和管理,是工会工作的重要内容之一,工会经费支出是指工会为开展各项工作和活动所发生的各项资金耗费及损失,经费支出按照功能可分为职工活动支出、维权支出、业务支出、行政支出、事业支出等各项支出。其中"职工活动支出"一项,包括职工教育、文体活动、宣传活动和技能竞赛等活动支出。根据2014年7月总工办23号文件《中华全国总工会办公厅关于加强基层工会经费收支管理的通知》和《上海市总工会关于落实〈中华全国总工会办公厅关于加强基层工会经费收支管理的通知〉的若干意见》(沪工总财〔2014〕241号)等文件精神,各级工会应加强对工会经费收支的管理和监督,要做到收支平衡、合理预算、专项专用,要做到重大支出决策集体研究决定,不跨年和超范围使用,坚决制止奢侈浪费,严禁滥发福利,严禁以各种名义年终突击花钱,不准违规设立"小金库",不准用工会经费报销与工会活动无关的费用……

主任指导学员明确用会费组织活动的相关操作程序和所入的会计科目,并强调要做到标准明确、程序规范、签收到位、手续齐全,还要做好工会财务的会计资料收集、归档和审核工作,做好工会干部的届中审计和离任审计,确保经费使用公开透明。黄主任还介绍了 2015 年市总工会关于职工培训奖励、会员服务卡等各项会员服务实事工程,并与学员们进行了互动交流、现场答疑,使大家更加明确了经费使用途径和管理程序。

整个讲座过程中,学员们都在认真做笔记、做摘录。大家都说,通过这次培训,使用经费时心里就有底了,工会干部一定要合理使用经费,让工会经费更好地为教工服务、为文明学校和谐建设服务。

在明确有关规章制度的基础上,教育学院干训部又特邀区教育局计财科科长为黄浦区教育系统"十二五"第二期党支部书记培训班开展了一次专题培训,就学校管理干部在工作中遇到的财务方面的困惑做了精彩的报告,进行了积极的互动。科长首先围绕"区域教育经费的规划""学校经费管理制度""学校经费使用模式""专项经费的使用规定"等方面的新情况、新规定,进行了规范的要求、标准的解读和透彻的分析。随后,他又结合实际操作案例,与干部们进行了现场互动。干部们纷纷提出本校实际工作中遇到的具体个案,以及操作中的难题,科长结合相关法律、文件的规定,做出了清晰、正确的回答。一问一答式的互动,让每一位提出问题的参训干部都能得到满意的解答。

为了进一步科学规划培训课程,干训部还专门召开了教导主任班课程调研会,学院分管副院长、教研室主任、干训部全体成员和学员代表参加了会议。学员代表畅所欲言,纷纷表达了对曾经参加过的干训班的喜爱和本期教导主任班的期待,同时提出了提高不同学段学员间的互动交流频率、增设部编版教材和小学等第制评价等专题讲座、增加观摩校外场馆活动的机会等建议。教研室主任回应了学员们的提议,表示教研室将积极配合,并且支持干训部主办的教导主任班课程设计和专家聘请等事宜,并将结合市区工作部署协助教导主任班学员完成相关调研任务的准备工作。分管院长在发言中强调了学校教导主任工作的重要性,认为他们是决定学校课程改革强度和力度的主力军,建议在干训课程中增加心理学、管理学、学校创新实验室的建设等内容,同时也应考虑外省市专家资源的利用。干训部最后综合考虑,采纳了座谈会上学员代表和与会领导的建议,丰富了政治素养、实务培训和素养提升课程的内容,优化了培训形式,提高了培训实效。

2. 实地走访

干训部还通过对学校的实际走访,进一步了解学校的实际需求,依据学校需求开展针对性培训。

　　例如，干训部曾走访黄浦区教育学院附属中山学校，就干训部如何支持中山学校中层干部队伍建设的问题开展深度交流，实际了解学校中层干部在专业发展过程中的需求。经过反复商议，干训部成员与徐校长就干训部在今后合作中将区级干部培训中丰富、优质的师资与课程资源和中山学校中层干部分享的事宜达成基本共识，商议了在今后同中山学校干部合作开展互动体验式培训、与外区学校交流走访等活动的总体计划。

　　再如，干训部还专程数次走访七色花小学，共商干训课程开发事宜。上海市七色花小学是上海市艺术教育特色学校，学校把"立美育人"作为办学理念，关注学生全面成长和个性特长发展的协同共进和交互融合。教师按照美的规律，创造性地运用多种具有美感意味的手段和途径，引领学生在充满阳光与色彩的教育环境中，以七彩的活力和热情、七色的思维和方法，充分地张扬个性，实现全面和谐发展。学校加强课程整合，将审美教育渗透在各学科之中，从而陶冶学生的艺术修养，培养学生的兴趣，发展学生的个性，造就学生健全的人格。校内有舞蹈队、合唱队、器乐队，还有美术小组等，学校积极为学生搭建展示艺术才华的平台，"七彩舞台"、艺术节、个人专栏（画展、演出）、市、区两级的表演以及各级比赛活动为他们的艺术成果展示提供了广阔的舞台，让每一位学生都成为一朵色彩绚丽的七色花。

　　如何借助该校优势资源开发干训课程？如何使培训进一步满足一线学校的具体需求？为此，干训部专门走访了七色花小学，听取了学校领导对上半年干训部举办的"校园长、短训班"课程的意见和建议，了解了学校特色课程的建设情况，共同商议如何充分利用七色花小学创新实验室进一步丰富我区学校干部培训课程。沈丽芬校长和邵志君书记肯定了"校园长、短训班"培训定位准确、内容新颖丰富，希望干训部继续开发设计这类既能开阔视野，又能满足校、园长实际需求的干训课程。沈校长还介绍了七色花小学在艺术特色课程方面取得的成绩和现有四个创新实验室的建设与实践，特别是学校魔毯情境创新实验室引起了大家的兴趣，大家就如何利用七色花小学创新实验室为我区学校干部培训课程提供资源等事宜形成了初步意见。

　　黄浦区教育系统在支援边疆教育工作中主要对接云南、新疆等地的学校，多年来，为兄弟省市教育系统管理干部培训做出了应有的贡献。为满足这些校长的培训需求,干训部还高度注重对培训基地的走访调研。

例如,2016年,上海市黄浦区教育局与云南省普洱市教育系统开展了对口援建工作。干训部具体承担了普洱市一批中小学校长挂职锻炼的工作。为了满足这些特殊学员的培训需求,干训部多次走访跟岗学校。先后来到敬业中学、市八中学、敬业初级中学,与在此挂职跟岗的云南省普洱市学校管理干部进行了座谈。

此次挂职培训的领队——云南省普洱市教科所陈宗仁老师详细介绍了云南省普洱市21位挂职干部在敬业中学、市八中学、敬业初级中学、蓬莱路第二小学、徽宁路第三小学、中华路第三小学等校进行两周挂职培训的具体过程以及丰厚收获。大家走进校长室、党支部,参加行政会议、民主生活会、民主党派座谈会;走进校办、教导处、德育处、科研室、团队室,旁听质量分析会、班主任会、课题研讨会、家委会;走进总务处、校史室、图书馆、实验室,了解后勤管理的平台;走进办公室、班级、专用教室、食堂、操场,观察环境育人的实效。六所学校"全方位、全过程、全开放"的展示,让21位挂职干部惊喜不断、收获满满。他们纷纷表示,六所学校都非常重视此次普洱市校长的挂职,不仅制订了具体详细、内容丰富的跟岗培训计划,而且还在生活方面给予了挂职校长无微不至的关心,挂职干部对六所学校的热情接待表示感谢。

敬业中学马伟书记、敬业初级中学张宝琴校长等校领导也到场参与了座谈,他们希望普洱市校长对本校的管理提出宝贵的改进建议。邓彤主任也代表干训部对学校的安排表示感谢,他表示干训部将以此次普洱市校长挂职培训为契机,努力为支援边疆地区教育贡献力量。

3. 问卷调查

每次学校干部培训开班前,培训者都邀请部分校长和专家,对学员的需求进行调研。与会者分别就培训班的组班形式、课程设置和培训管理等方面的情况畅所欲言,提出来自基层学校的培训需求和相关建议。只有通过召开研讨会和实地访谈的方式广泛征询意见、了解需求,并进行训前课程的预评估,培训班的针对性和实效性才能落到实处。

如下的一份培训需求调研报告可以让我们约略了解依据需求确定培训内容与形式的一些做法。

黄浦区"十二五"中小学干部培训需求调研报告[①]

干训部在培训结束后,对两个干训班的110名学员进行了问卷调查,对培训反馈问卷进行收集后,对96份有效反馈问卷进行了统计和分析,现将反馈情况统计如下。

【基本情况】

1. 学校类别

在96份问卷中,被调查者16%来自幼儿园,30%来自小学,22%来自初中,29%来自高中,3%来自机构。

2. 现任职务

在96份问卷中被调查者所担任的职务,校长或分管校长占34%,德育主任占15%,科研主任占21%,教导主任占30%。

3. 工作年限

被调查者中现任职务超过6年的占67%,3至5年的占22%,1至3年的占8%,1年的占3%。

4. 最高学历

被调查者中本科学历者占88%,大专学历者占5%,硕士学历者占6%,博士学历者占1%。

由此可见,此次反馈问卷调查在各类学校的分布较为均匀,被调查者所担任的职务也较为均匀,大部分是有三年以上工作经验且有本科以上学历的。

【对培训内容和形式的需求】

1. 您参加"十二五"干部培训主要在哪些方面有所提高?

在96份问卷中,在自身提高方面,72%的参与者认为提高了个人综合水平,60%的参与者认为提高了学校管理水平,28%的参与者认为提高了学术能力,31%的参与者认为交流了办学经验,40%的参与者认为通过培训了解到了政策法规,67%的参与者认为获得了教育改革新理念。

[①] 本问卷由黄浦区教育学院干训部制订并发放,分析报告由区青管班学员王攀、吴荣胜撰写。

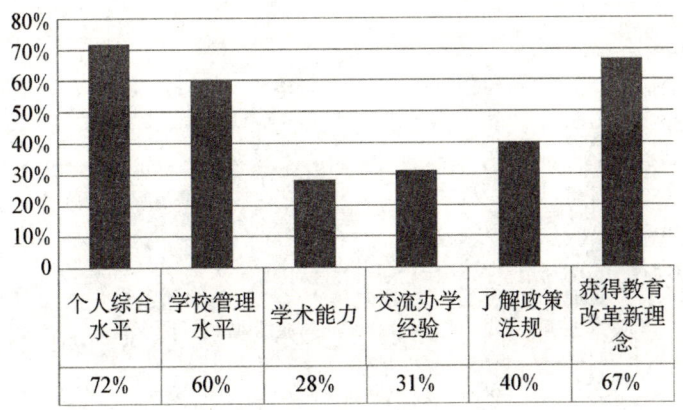

参加"十二五"干部培训有所提高的方面

通过数据不难发现,参与者在"十二五"干部培训期间通过培训在学校管理水平、学术能力、办学经验、政策法规等个人综合水平方面都得到了提高,特别是获得了教育改革的新理念,这让各级干部受益匪浅。

2. 您在"十二五"干部培训中,理论学习方面受益较大的主要是什么?

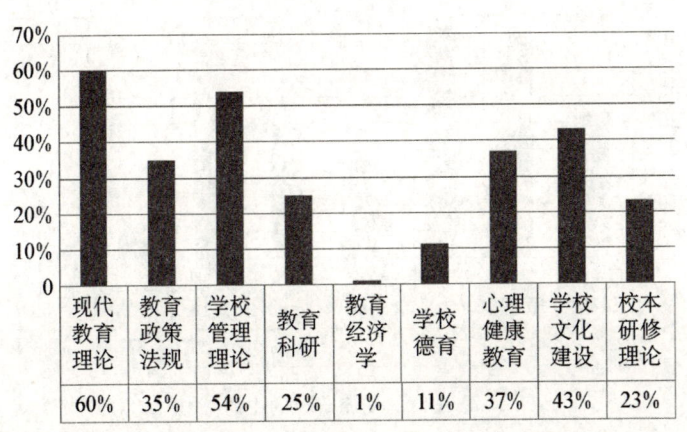

在"十二五"干部培训中,理论学习方面受益较大的地方

从问卷中可以看出,参与者们由于工作需要,理论学习方面在现代教育理论、学校管理理论以及学校文化建设方面受益较大,但是在教育经济学、学校德育等方面受益较少。

3. 您最喜欢的培训形式是什么？

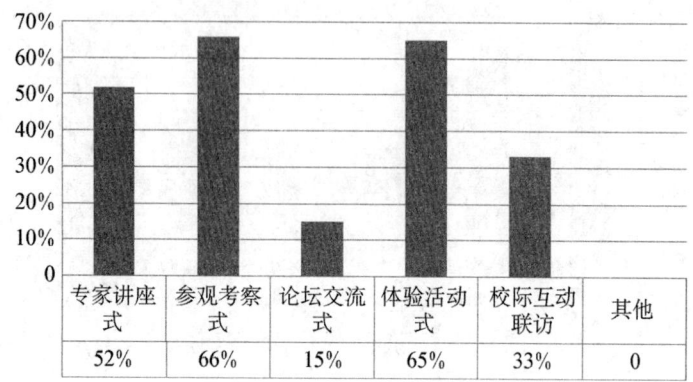

最喜欢的培训形式

通过统计表可以发现，参与者对参观考察式（66％）和体验活动式（65％）比较感兴趣，而对论坛交流式（15％）的培训不是太喜欢。

4. 您最满意的交流研讨的主题是什么？

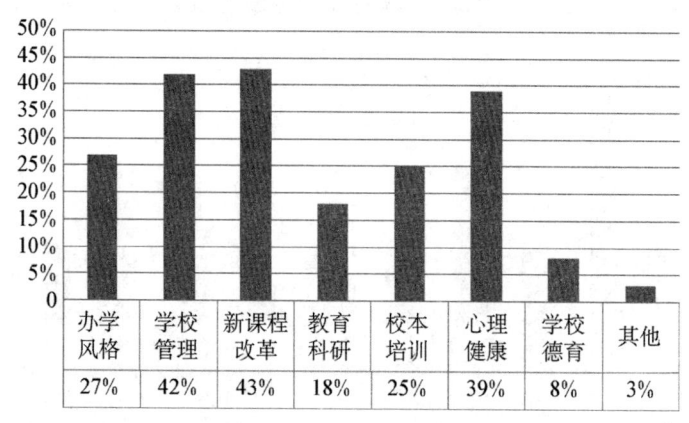

最满意的交流研讨的主题

96名参与者对学校管理、新课程改革、师生心理健康主题比较满意，但是对学校德育的满意度不高。

5. 您最喜欢的交流研讨形式是什么?

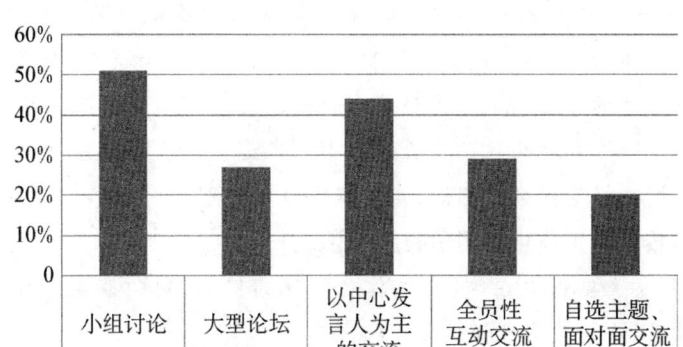

最喜欢的交流研讨形式

参与者对以小组为单位的讨论和以中心发言人为主的交流比较喜欢,对自选主题、面对面交流的研讨形式喜欢程度不高。

6. 您认为区域干部培训工作在哪些方面有待改进?

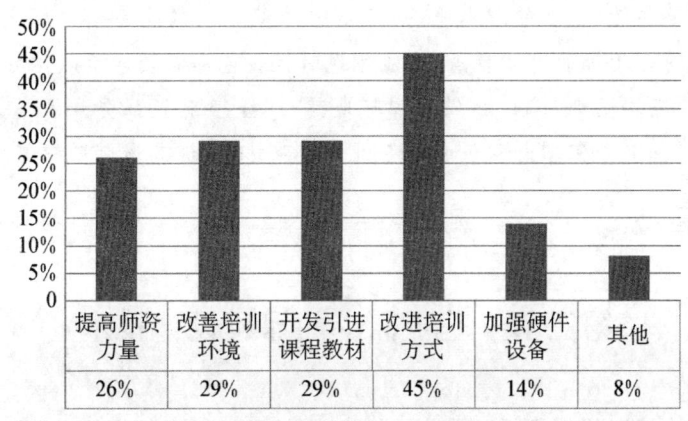

区域干部培训工作改进之处

通过问卷发现区域干部培训工作在提高师资力量、改善培训环境、开发引进课程教材方面都有待改进,特别要创新培训模式,坚持与时俱进,调动干部学习的积极性和主动性。

【印象最深刻的培训】

问卷答案主要集中在：参观上海博物馆、走访学校和心理讲座。

浸润式、体验式、模拟式的培训更符合干部的身心特点，更能体现时代特色，满足参与者的学习需要。通过案例分析、交流研讨、调研座谈等方式，参与者在学习中思考，在现场体验中升华思想，在互动研讨中深化认识，在调研分析中寻求对策，提高了分析问题，实现解决问题的能力。

【在学校管理工作中遇到的最大的困难】

问卷答案主要集中在：教师工作积极性的提高、如何解决上传下达的问题，实现政策、法规及实际操作的衔接。

【对今后的干训工作的建议】

对问卷答案进行总结建议如下：

第一，科学设置培训内容，坚持按需培训，增强培训的针对性和实用性。切实掌握干部"想学什么、需要学什么"，确保实现干部培训"急用先学"和"缺什么补什么"的目标，切实增强培训的针对性。

第二，创新培训模式，坚持与时俱进，调动干部学习的积极性和主动性。当前干部思想活跃，在学历水平、业务水平等基本素质上都有了较大的提高。培训应更符合干部的身心特点，更能体现时代特色和满足学员的学习需要。

第三，夯实培训基础，加强培训阵地建设，合理配置社会资源。通过内请外联，聘请知名专家学者和权威人士讲学授课，不断提高教师队伍政治理论和业务水平。

第三节　基于需求的课程设计技术

浸润式培训的价值可以借助目前在国际上流行的"教育超市"这一隐喻得到较好的阐释。该隐喻认为，"超市"中的商品主要是为了满足消费者的实际需求而不是为了体现商品自身的系统丰富，各类培训课程也应该充分体现"实用性"而大可不必刻意追求知识体系本身的"系统性"与"丰富性"。

浸润式培训以主题为基本教学单元，此处的"单元"概念有别于现行培训课程结构中以分解内容为主要形式的单元。主题从哪里来？主题不是根据学科的知识及其逻辑体系来划分的，而是根据学习者的兴趣需求来制订的，也称为专题。①

设计基于需求的学校干部培训课程,大致可以通过如下三大技术:补偿式培训技术、按需施训技术、学习支援技术。

一、补偿培训技术

需求的第一要义就是缺失。所谓的"缺什么想什么",说的就是这个意思。相应的,培训为了满足学习者的需求,就应该采取"缺什么补什么"的模式,我们称之为"补偿式培训"技术。

补偿式培训主要以专题短训班形式开展。这些专题内容聚焦,形式多元,课程设计合理,班级管理细致,专家阵容强大,学员收获多多。尤其是跨界研修和领导力沙盘模拟培训,给大家留下极为深刻的印象。学员们呼吁今后应多多举办类似的培训,并建议增加定点走访特色学校专题活动,增加国际化特色元素。现列举两个补偿式培训专题予以阐释。

信息素养培训案例

本学期,干训部分别与区教育学院课程研究中心、上海交通大学海外教育学院联合举办了"信息素养培育"和"课程领导力提升"两个专题短训班。专题短训班是黄浦区"十三五"学校干训的一项新举措,短训班聚焦核心话题,主题明确,针对性强,形式多样,受到了大家的一致好评。

黄浦区教育学院干训部开展了信息素养专题短训班第二次培训活动。人事干部培训班的一百余位学员和信息素养短训班学员一起分享了上午的讲座。来自上海交通大学海外教育学院的副院长谷来丰博士,从互联网大数据入手,契合时下最为尖端的科技实例,为两个班的学员们开设了一堂生动活泼又不失科学严谨的信息素养培训课程——新硬件时代。

这门课程源于谷博士从硅谷回来之后的一篇获奖感言文章《互联网与新硬件时代》,当时一经发布,短短40小时内阅读量即过10万。作为一名资深的互联网专业人士,谷博士在授课中运用图表、实例、数据以及鲜活的视频等

---

① 刘素芹.学校培训课程体系的新元素——微型课程[J].教育技术导刊,2007(1).

多元形式,带领每一位学员真正走到了互联网时代的风口浪尖——"智能+",让每一位学员感受到尖端科技给现代化学习、工作和生活带来的彻头彻尾的改变。讲课中有谷歌机器人、亚马逊无人机,从互联网技术到物联网技术,从人工智能到生物工程,无一不透着科技创新、创客极客的超前理念。丰富幽默的课堂中不时传来学员们的惊叹声和欢笑声。

下午,信息素养短训班学员参观访问了携程公司上海总部,首先参观了携程新办公大楼的内部办公区、实时数据监控中心,体验到高科技、大数据给工作带来的便捷和高效,随后在携程大学教室聆听了校长的"人才培养创新模式及企业文化实践"主题介绍,他从携程的二次创业讲到携程创新机制设计、年轻人才培养模式等等,双方还就员工激励制度进行了互动交流。

信息素养几乎在推动所有现代行业的发展进程中都起着举足轻重的核心作用,通过这次学习参访,学员们更直观地认识到,无论在何种行业,创新钻研无疑都是发展进步的最大驱动力。而作为教育教学的中坚力量,培训的内涵意义正是开阔视界、拓宽思维,让学员以全新的态势投入到日常的工作、学习及生活中去。

二、按需施训技术

在调研基础上的"按需施训"成为校长培训的主流思想,创新了许多模式,包括热点问题的主题研讨、依据学校实际的教育诊断、基于研究的案例教学等。

(1)"专题讲座—主题研讨"模式。

按照国家政策、培训目标与校长需求,安排讲座内容和研讨主题。理论讲解后,围绕所学理论组织开展主题式研讨活动,既能提高校长的理论素养,又能解决他们的实际问题。

(2)"专家统领—教育会诊"模式。

结合校长实际,发挥专家引领作用。通过现场了解、观察,发现学校存在的问题,找到"症结",提出解决方案。该模式包括理论学习研讨、参观考察学习、集体教育会诊三步骤。但该模式对专家的依赖性很强。

(3)"基于研究—案例教学"模式。

围绕教学目标选取学校中的真实案例,加以典型化,形成特定的教学内容,供校长分析、思考、讨论并做出判断。该模式通过创设情境,使校长能够快速掌握处理问题的方式、方法，具有很强的实践性与指导性。

"校长专业标准"的颁布为学校干部培训划定了疆域，确定了目标，很大程度上消除了以往干部培训中普遍存在的"拍脑袋"式的随意现象，使得区域干训更具针对性、专业性和前瞻性。

几年来，我们依据四部针对幼儿园、义务教育、高中教育、职业教育四种不同性质的学校的"校长专业标准"分别确定了一系列研修专题：校长如何开发校本课程？校长如何领导学校价值建设？校长如何优化内部管理？校长如何调试外部环境？这些专题的确定，就相当于将学员置身于真实的工作情境中，在学员与学员、教师与学员、学员与情境之间形成了一个有效的学习场域。

例如，围绕"如何优化内部管理"这一研修专题，我们开设了一系列相关的培训单元：师生情绪管理、学校工作流程管理、部门一日常规等。这些单元都与日常工作的实际紧密结合，同时又是大家普遍重视或感到困惑的问题。浸润于这些单元研修活动中，学员们渐渐体验到"优化学校内部管理"的真谛。

其中，"师生情绪管理"这一单元一直深受学员的欢迎，我们的学员曾这样评价情绪管理单元培训：助人自助，利人利己；相遇恨晚，听课恨迟。经过三年来的实践，干训部的心理培训逐渐形成了系列化、菜单式的课程系列，学生心理危机、教师情绪管理、师生心理交流等心理课程深受大家的好评与欢迎。

再如，我们组织学员深入学习"校长专业标准"，并认真撰写学习心得体会。在此基础上，确定了"学校价值领导"这一研修专题。围绕这一专题，学员代表在论坛上做了主题交流发言。这次系列专题培训的主要形式是微论坛，要求每位发言人限时 8 分钟，围绕核心话题，从特定角度简明扼要地阐述自己的观点。

为准备这次微论坛，全体学员首先聆听了教育学院赵其坤书记所做的专题报告——"今天我们如何做校长"。随后，曹光彪小学的顾全国副校长介绍了该校通过绩效工资开展价值领导的体会，卢湾高级中学陈屹书记阐释了校长在价值领导方面应该成为"历史学家、幻想家"两大角色，海华小学陈菊副校长认为学校课程建设是开展价值领导的重要抓手，永昌学校的施燕雯副校长介绍了"高尔夫运动"与价值建设的关系，青少年活动中心王海伟副主任提出要把"玩出境界"作为本单位价值领导的方向，大同中学的郭金华副校长则从企业管理角度阐发了自己对学校价值建设的感悟。干训部主任邓彤也在本次论坛上做了主题交流,他引入了"历史、文学、军事、学校"四个不同角度的案例,形象生动地论述了价值领导的意义,认为价值领导的关键是整个团队拥有正确的价值观,全体成员能坚守团队价值并自觉维护团队价值。赵其坤书记全程参与本次论坛,论坛结束后,赵书记对学员的发言做了点评,对本次微论坛就讨论话题展开深度论辩这一方式给予了高度评价。赵书记认为此举形成了思想的交锋,激活了全体参与者的思维。

最后,大家对于"学校价值领导"这一主题达成了如下共识:在学校管理过程中,愿景比管控更重要,信念比指标更重要,人才比战略更重要,团队比个人更重要,授权比命令更重要,平等比权威更重要。价值领导永远是学校领导的灵魂,"愿景、责任、使命"等价值建设是校长领导力的核心体现。

三、学习支援技术

所谓"学习支援",就是为学习者的学习提供支架。学习支援概念的提出,意味着学习者是学习的主体,培训者则是学习的辅助者与促进者。支架能够帮助学习者顺利完成真实的学习任务。随着培训的不断深入,随着学习者的不断进步,培训者所提供的支架就会逐渐减少甚至撤出。

就像建筑中搭建的"脚手架"一样,学习中提供的支架有五种好处:① 提供一种支持;② 作为一种工具;③ 拓展工作者的活动范围;④ 帮助工作者完成本来不可能完成的某项任务;⑤ 选择性地用于工作者所需的地方。

例如,我们在大量调研的基础上,发现广大学校管理层面对不断发展的科学文化有强烈的求知欲,并且他们本身也有这方面的素养。为此,我们开设了相关的"支架式培训课程",通过从外围开展"素养培训"的方式,间接地为学员的自主发展提供潜移默化的学习支持。我们开设多种有关科学素养、信息素养、传统文化素养等的课程,这些课程显然与学校教育和管理有着千丝万缕的关系,但是,在培训中,培训者却完全不去有意与教育发生关联,而是由学员自身感知、领悟这些课程与教育的关系。换言之,在这样的培训中,培训者仅仅提供学习资源的支持,而学习方式、学习内容、学习结果都由学员自我管理、自我生成。这就是"支援式"的基本要义。下面呈现一组"支援式"培训课程方案加以说明之。

"黄浦区教育干部素养提升"支援式培训课程简介

2015年,《中共中央关于制定国民经济和社会发展第十三个五年规划的建议》中提出,要"以提高教育质量"为主题,提出了覆盖各级各类教育的发展目标和任务。未来五年,坚持把提高质量作为教育改革发展的核心任务,牢固树立以提高质量为核心的教育发展观,为如期全面建成小康社会提供可靠的人力资源支持。

教育是国计,更是民生,提高教育质量,意义重大,这对于基础教育工作者而言,更意味着在掌握学科专业知识的前提下,还必须紧密将工作与实践相结合,以开放的胸怀和跨界的思维,融入社会日新月异的变革之中,主动学习、了解趋势,把握潮流,由知识的传播者转变为趋势的引路人,使学生与时代同行。

黄浦区教育学院担负黄浦区中小学、幼儿园教师的职后教育,教育全过程的质量管理、业务指导,教育科研和德育研究的组织指导,全区普教系统电化教育与实验的指导、管理。

上海交通大学海外教育学院作为上海交通大学所属的高层次、专业型、实战性、国际化学历后教育机构,依托上海交通大学深厚的学科建设与优秀的师资队伍,综合行业专业领域的独到资源,本着"充分沟通、深入调研、专业设计、精心组织、精细服务、完善提高"的精神为黄浦区教育学院提供科技素养、新媒体、信息化素养、传统文化专题研修班以及人文类研修课程,提升黄浦区教育学院干部的教育信息技术视野及人文艺术素养。

课程专题一:科技素养专题研修班

近年来,随着科技的迅速发展,高新技术正悄然改变着社会生产和生活,例如引力波的发现、高科技农业的发展、智能家居与智慧生活、人工智能等,已经对人类工作与生活的方方面面产生深远影响。我们教育工作者也需要了解前沿科技的发展趋势,迎接未来挑战。

本次项目借力上海交通大学海外教育学院的师资资源及平台特色,创新培养模式,为黄浦区教育学院提供科技素养短期研修课程,旨在帮助黄浦区的中小幼学校干部时代了解最新的前沿科技,自身首先具备一定的科技素养,继而培养学生的科学素养和创新精神,以适应未来社会的发展。

课程内容:

序号	课程名称	课时	课程重点
1	"众创"战略下的科技服务创新与发展	3H	众创战略及背景解读 众创战略下,科技服务的创新与发展方向
2	引力波的发现	3H	引力波的发现 引力波是什么 发现引力波意味着什么
3	高科技农业发展机会	3H	何为高科技农业 当代高科技农业发展的新趋势 高科技农业为农业带来的新的发展机遇
4	智能家居产品发展趋势	3H	智能家居产品的科技概念 智能家居产品提供全新的功能与服务 智能家居产品与智能小区
5	无人机与社会经济发展	3H	全球无人机产业发展现状与趋势 无人机在现代社会中的应用 无人机对于社会经济发展的作用
6	VR,AR及未来显示技术	3H	何为VR与AR VR与AR的不同和发展 VR与AR在未来的发展前景
7	机器人与人工智能	3H	机器人与人工智能的区别 机器人与人工智能的发展趋势 人工智能时代的来临,机遇与挑战并存
8	先进生物科技——基因技术与3D生物打印	3H	3D生物打印技术的研究现状与发展趋势 3D生物打印技术的产业需求 3D生物打印技术的发展前景
9	点"时"成金——时间与目标管理(沙盘课程)	3H	掌握任务归类的思路和方法 理性决策,注重投入与收益的比率 全面认知工作绩效指标和收益之间的关系

课程专题二:新媒体专题研修班

媒体作为新时期舆论的前沿,对人们思想的引导作用不容忽视。特别在互联网和手机等新媒体逐步普及的形势下,学生的思想教育变得更为复杂和具有挑战性。因此,学生思想教育工作者应该紧跟时代潮流,创新工作方式方法,做好新媒体环境下学生的思想教育工作。

本次项目借力上海交通大学海外教育学院的师资资源及平台特色,创新培养模式,为黄浦区教育学院提供新媒体专题研修课程,旨在帮助黄浦区的中小幼学校的干部提高对于新媒体发展趋势的了解,提升对于媒体热点的洞察力,并通过学习、参访多种学习形式,深入理解新媒体,掌握新媒体的应用方式,创新工作方式方法,将新媒体运用到教育课堂中,培养出与社会潮流相适应的、具有创新意识与创新能力的高素质人才。

课程内容:

序号	课程名称	课时	课程重点
1	新媒体新在哪儿	3H	新媒体与传统媒体的区别 新媒体的特点 新媒体的技术应用
2	完美公关——媒体沟通与危机处理	3H	危机应对 新闻发言 媒体沟通 企业品牌宣传
3	新媒体发展趋势	3H	新媒体的经济引擎作用 新媒体促进移动网络应用发展 媒介融合提速,传统媒体不断采用新技术 社交应用平台进一步整合 新媒体资本市场的加速发展
4	网络舆情的热点与特征	3H	网络舆情话题的发酵及原因分析 网络舆论的12个关键问题 危机管理理论在应对舆情热点中的应用
5	社群经济	3H	从个体思维转向社群思维 什么是社群,解构社群 社群的互联网入口 案例:小米如何点燃社群

续表

序号	课程名称	课时	课程重点
6	微信营销及新媒体运营	3H	走进新媒体世界 微信运营如何开展 微信粉丝经济
7	新媒体时代的大众传播特征	3H	新媒体背景下大众传播的基本特征 大众传播的趋势
8	新媒体时代的视角	3H	新媒体、知识与知识创新 新媒体时代的知识创新 知识创新与组织的进化 全球化视野的竞争战略创新 知识创新的未来
9	手机摄影	3H	手机摄影的具体操作 摄影构图之根本 手机后期处理图片 摄影美学
10	跳出盒子CUBE——跨部门沟通(沙盘课程)	3H	旨在推进无领导小组的沟通(跨部门沟通)、冲突处理与有效决策 互动分享,演练体验,加深学习效果及记忆深度,促进日常管理

课程专题三:信息化素养专题研修班

近年来,随着全球互联网时代大幕的徐徐拉开,高新技术正悄然改变着人们的生活,大数据、互联网、移动技术等无不影响着工作与生活的方方面面。时代需要我们的教育工作者走出课堂,了解社会现代化进程的发展程度,将前沿科技与理念带回课堂。

本次项目借力上海交通大学海外教育学院的师资资源及平台特色,创新培养模式,为黄浦区教育学院提供信息化素养短期研修课程,旨在通过拓展学习、企业参访、讲座沙龙等多样的研修形式,使黄浦区的中小幼学校干部将信息科技的社会变革趋势紧密掌握,继而激发学生创新精神和实践能力,并将此作为重点任务贯彻到国民教育全过程,为国家人力资源战略提供坚实的人才培养服务。

课程内容：

序号	课程名称	课时	课程重点
1	互联网时代的思维与未来	3H	如何通过纷繁复杂的互联网经济现场，去观察和理解中国互联网经济真实的本质 互联网思维重构产业未来
2	社会化媒体营销	3H	社会化媒体发展概述 如何将社会化媒体思维植入教育管理及运营 案例解读：社会化媒体在教育中应用 社会化媒体营销实践及传播方法
3	新硬件时代	3H	中国在"互联网+"，美国在做什么 什么是新硬件时代，新硬件的特点 新硬件时代之时，国内互联网巨头BAT在做什么 新硬件时代的引领者究竟是谁 新硬件时代的对策
4	信息技术与未来课堂	3H	信息技术成为"未来课堂"方向 未来课堂展示 打造智能教室，尝试未来课堂
5	物联网、智慧城市、寓教于乐的学生创客空间——新一代信息技术与基础教育的融合	3H	新一代信息技术的本质内涵 如何将新一代信息技术与基础教育融合
6	互联网+教育行业变革之路	3H	"互联网+"的发展路径 IT基础和DT时代过渡 "互联网+"的落地实施
7	现代企业信息化管理	3H	主动应用信息技术和观念 如何利用信息化管理企业并实现既定战略目标
8	教育技术前沿	3H	教育技术发展带给我们的机遇与挑战 走向教育技术"云"服务 智慧校园的打造
9	盗梦空间——情境式教练领导（沙盘课程）	3H	旨在说明每个管理者在面对下属时都不应该只有单一维度的思考，应该从多个角度，以递进的方式，深入地分析下属、理解下属，并通过有效的方法或工具，达到最佳或相对最佳的效果 互动分享，演练体验，加深学习效果及记忆深度，促进日常管理

课程专题四:传统文化专题研修班

中国传统文化是中华民族在数千年的历史中创造的灿烂文化,所蕴含的内容博大精深,具有强烈的历史性、民族性和继承性,影响着我们的生活,融于我们当今的教育。中国传统文化在多元共生的全球对话背景下为世界带来深远的影响,中国传统文化在当代需要得到良性的传承和发展,如何加深对中国传统文化内涵的理解,并对中国文化进行创造性的转换,对现代教育而言提出了很大的挑战。认识我国传统文化并将其融入现在教育的课堂,具有十分重要的现实意义。

本次项目旨在帮助学员加深对于中国传统文化的理解,将中国传统文化精髓结合现代教育带入课堂,更加注重教育内涵的发展,增强学生的社会责任感与民族自信心,培养出与社会潮流相适应的,具有创新意识与创新能力的高素质人才。

课程内容:

序号	课程名称	课时	课程重点
1	道家生存智慧与处世之道	3H	老子与《道德经》 庄子的"逍遥世界" 道家哲学的现代意义
2	周易与人生修养	3H	易经的形成和功用 易经的功用分析
3	《黄帝内经》与养生智慧	3H	学习《黄帝内经》 阴阳五行养生、经络养生;饮食与养生;内外科常见疾病养生保健
4	传统诗文与现代生活	3H	情与不情 诗意栖居 淡然生活
5	中医经典与养生	3H	中医养生经典论述 中医经典养生法
6	内观禅修	3H	内观禅修是什么 内观禅修有哪些阶段 如何内观

课程专题五:素养拓展类课程

我国近代著名思想家、教育家蔡元培先生对美学于人生的重大意义有着深刻的认识,他曾言:"美育者,应用美学之理论于教育,以陶养感情为目的者也。"[1] "美育之目的,在陶冶活泼敏锐之性灵,养成高尚纯洁之人格。"[2]基础教育是寻求真理的科学普及过程,也是追求真善美的艺术人文感悟的过程,提高广大学生对美的认知,其意义不仅是让其学会欣赏一件艺术品,了解时尚脉络或一个人文事件,更是在于从精神层面教化学生,引领学生,使之热爱生活、完善自我。

提高基础教育工作者艺术人文素养的意义还在于,这将对中小幼学生的身体、心智、审美等各方面素养的完善具有潜移默化、润物细无声的作用。

课程内容:

序号	课程名称	课时	课程重点
1	音乐品鉴与心灵境界	3H	乐理基础 交响乐鉴赏
2	红酒文化与品鉴	3H	葡萄酒的分类与常见术语 葡萄的品种 葡萄酒产区及酒标解读 侍酒与储存 美酒与佳肴
3	中国书画鉴赏	3H	中国书画赏析的常见视角 名作赏析
4	人文尺度的城市空间	3H	城市中的人文精神 尺度空间理论 如何以人文尺度规划城市空间
5	艺术品鉴赏与市场	3H	艺术品鉴赏与市场 艺术品投资与拍卖 艺术品经营
6	茶艺术与禅文化	3H	历史发展与各地茶俗 茶会的流程及礼仪 茶席设计与操作 茶与禅、修行与生活
7	中西方哲学思想精要	3H	中西方哲学思想文化解读 中西方哲学思想比较

---

[1] 蔡元培著,高平叔编.蔡元培教育论集[M].长沙:湖南教育出版社,1987:490.
[2] 蔡元培.精神与人格:蔡元培美学文选[M].合肥:安徽文艺出版社,2015:146.

续表

序号	课程名称	课时	课程重点
8	家居美学与美的家居	3H	家居、美学的解读 人如何以美学角度看待现代家居 家居美学的应用
9	美学的禅意解读	3H	何为禅意审美 东方禅意美学 美学的思考

课程专题六：参访考察系列课程

为满足学员的培训需求，还需要精心设计一系列体验式、活动型的参访考察系列。尤其是走访考察教育领域之外的企业或人文知识含量丰富的文化场馆，格外受到学员欢迎，大家称之为"跨界研修"。在这类跨领域实地考察学习的过程中，学员们通过现场浸润体验、动手参与、合作探究等方式，激发了学习热情，促进了深度学习，培训的实效性与针对性得到提高。

参访考察推荐项目：

序号	名称	介绍
1	春秋航空电商事业部	首个中国民营资本独资经营的低成本航空公司专线。公司定位于低成本航空经营模式，通过多种方法科学有效地节流资源，并凭借价格优势吸引大量对价格较为敏感的自费旅客以及追求高性价比的商务旅客。春秋航空是传统行业做电商成熟的企业之一
2	1号店	电子商务型网站，开创了中国电子商务行业"网上超市"的先河。公司独立研发出多套具有国际领先水平的电子商务管理系统并拥有多项专利和软件著作权，并在系统平台、采购、仓储、配送和客户关系管理等方面大力投入，打造自身的核心竞争力
3	网龙网络公司	网龙网络公司是中国网络游戏、移动互联网应用行业的领军者，也是中国在线教育、企业信息化行业的领先力量。它是国家规划布局的重点软件企业、国家文化产业示范基地、国家文化出口重点企业
4	饿了么	中国专业的餐饮"O2O"平台，中国餐饮业数字化领跑者。以建立全面完善的数字化餐饮生态系统为使命，为用户提供便捷的服务，为餐厅提供一体化运营解决方案，推进整个餐饮行业的数字化发展进程

续表

序号	名称	介绍
5	张江科技园区	它成立于1992年7月,位于上海浦东新区中南部,是中国国家级高新技术园区,与陆家嘴、金桥和外高桥开发区同为上海浦东新区四个重点开发区域。目前,张江园区注册企业一万余家,初步形成了以信息技术、生物医药、文化创意、低碳环保等为重点的主导产业,第三产业占2/3以上
6	漕河泾技术开发区	国务院批准设立的经济技术开发区、高新技术产业开发区和出口加工区。现规划面积14.28平方千米。开发区汇聚中外高科技企业2 500多家,其中外商投资企业500多家。81家世界500强跨国公司在区内设立131家高科技企业。2015年,开发区年销售收入2 588亿元,其中第三产业收入1 798亿元,地区生产总值(GDP)883亿元,工业总产值632亿元,进出口总额82亿美元,单位面积经济效益在全国开发区名列前茅
7	上海市北高新股份有限公司	市北高新集团旗下的一家以园区产业载体开发经营、企业服务集成及产业投资为核心业务的上市公司。公司以对接国家战略、发展高新产业、繁荣区域经济、服务企业成长为己任,以"加快科技化步伐,打造国际化园区"为主线,积极推进市北高新园区的开发建设并努力把园区打造成为一个视野国际化、产业科技化、生态园林化、服务集成化,国内一流、国际有一定影响力的高新技术服务业园区
8	宏慧·盟智园	上海市首家互联网金融产业园区,上海首个互联网金融科普基地,上海市黄浦区首个税收过亿的园区。该园区不仅提供企业的办公空间,更成为兼具窗口展示、互动体验、非银金融同业交流、孵化培育等综合功能的生态基地
9	点融网	一家本土高科技网络金融服务公司。通过国内资深团队的运作和引进全球最大网络借贷平台先进技术和管理经验,点融网构建出一个高效、透明、人性化、易操作的网络投融资平台,将出借人和借款人进行自主配对,为国内广大个人和中小企业解决最急需的贷款和融资问题。同时,利用互联网的技术达到最低的审核成本,并把借贷份额进行拆分,实现自助式借贷:使具有闲置资金出借的个人与有贷款需求的个人或企业,能在线上通过平台成功配对
10	龙美术馆	龙美术馆是由中国收藏家刘益谦、王薇夫妇创办的私立美术馆,目前在上海浦东和徐汇滨江同时拥有两个大规模的场馆——龙美术馆(浦东馆)和龙美术馆(西岸馆),构成独特的"一城两馆"的艺术生态,是目前国内最具规模和收藏实力的私立美术馆

续表

序号	名称	介绍
11	震旦博物馆	震旦集团董事长陈永泰先生回馈社会的一项文化志业。博物馆馆藏以中国古代器物为主,并推广古器物学,以弘扬中华文化为己任,为社会公益奉献一份心力。它是建筑大师安藤忠雄在中国完成的第一个改建设计项目
12	上海博物馆	定位为中国古代艺术博物馆,其收藏、展览和研究以中国古代的艺术品为重点。历经半个多世纪的发展,馆藏文物近百万件,其中精品文物12万件,其中尤其是以青铜器、陶瓷器、书法、绘画为特色
13	上海交通大学陆伯勋视频安全研究中心/农业部都市农业(南方)重点实验室	隶属于上海交通大学的研究和服务性机构。中心设有食品安全与微生物、食品理化安全检测、转基因食品安全检测、食品加工安全、乳品安全五个研究方向
14	上海自贸区红酒交易中心	上海自贸区红酒交易中心是由中国(上海)自由贸易试验区、上海市商务委、上海市金融办和上海市工商局联席批准设立的酒类第三方电子交易平台。酒品由国外原产地酒商按原产地价格直供,资金由国内各大银行集中管理、统一清算,为广大消费者和投资者保障真酒直通、价值非凡、专业仓储、资金安全以及国际流通
15	携程旅行网	在线票务服务公司,拥有国内外六十万余家会员酒店可供预订,是中国领先的酒店预订服务中心。携程旅行网成功整合了高科技产业与传统旅游行业,提供集酒店预订、机票预订、度假预订、商旅管理、特惠商户及旅游资讯在内的全方位旅行服务
16	摩拜单车	公司提供互联网短途出行解决方案,摩拜单车是无桩借还车模式的智能硬件。倡导绿色出行,人们通过智能手机就能快速租用和归还一辆摩拜单车,用可负担的价格来完成一次几千米的市内骑行

第四节　案例分享:基于需求建构培训课程[①]

党的十八大报告提出,把"立德树人"作为教育的根本任务,强调要把社会主义核心价值体系贯穿国民教育全过程。教育部也已启动"立德树人"工程,以增

---

　① 本案例所用问卷调查及分析报告由黄浦区教育学院科研室唐军设计撰写,干训部张俊、邓彤参与该项研究。

强科学性、立足民族性、体现世界性为导向加强中小学德育的课程一体化建设。

为此,如何使学校干部在组织领导学校"立德树人"教育工作中发挥作用,便成为学校干部培训课程建设的重要任务。我们在专题座谈和学校走访过程中感受到:通过艺术教育实现"立德树人"的教育目标是一条有效的路径。于是,我们提出了开发"中小学艺术教育与德育一体化建设"培训课程的构想。

一、调研培训需求

为了解当前中小学艺术教育与德育的实际状况,了解学校干部在"艺术德育一体化"建设中的实际需求,我们开展了一系列调研研究,多方探测分析学校管理层的实际需求,以便构建针对性的培训课程。

1. 调研内容

(1) 全面发展的人需要整体系统的教育来培养,基于深层学理支持的中小学艺术教育的德育规划是解决德育纵向缺乏衔接、横向难以沟通问题的根本途径。

(2) 立德树人需要以社会主义核心价值体系作为引领,基于顶层内容架构的中小学艺术教育的德育规划是实现社会主义核心价值体系内容一以贯之、循序渐进的根本途径。

(3) 德智并重是课堂教学的应有之义,基于学科德育理念的艺术教育的德育规划是改变德育课程单兵作战、扭转学科教学重智轻德、实现育德润物无声的根本途径。

(4) 德育任务的整体实现需要教师教育的个体自觉,基于教师育德意识和育德能力培养的艺术教育的德育规划是引领教师教学理念、改善艺术课堂、提升学科育德实效的根本途径。

(5) 艺术教育的德育规划实施需要制度的运行。作为长效保障,基于制度保障和政策支持的艺术教育的德育规划是破解德育评价难题的根本途径。

2. 调研对象

为全面了解中小学艺术德育一体化的现状,我们将调研对象确定为中小学学生(小学生为四年级以上)、中小学教师(以艺术课程教师为主)、中小学领导。

从性别上来说,学校领导中男教师占 40.85%,女教师占 59.15%。抽样的校级领导主要在黄浦区、崇明区及其他区县,人数分别为 180、263 和 52 人;抽样的艺术教师主要在黄浦区、浦东新区及其他区县,人数分别为 52、40 和 62 人;抽样的学生主要在黄浦区、浦东新区、嘉定区及其他区县,人数分别为 1 722、1 518、1 325 和 1 363 人。

3. 调研形式与方法

(1) 本调研主要采用问卷调研和访谈的方式。

其中问卷调研对象是艺术课程教师和学生,访谈将结合问卷调研结果选取一定量的教师和分管校长进行。

(2) 本次调研主要以网络调研为主进行。

网络调研平台为黄浦区科研室专用调研平台,我们将采用 IP 地址和账号双重方式对调研结果进行筛选。另外,网站将根据需要对题目设置为必选和可选两种方式。因为平台为专用,所以调研结果保密程度高,调研结果自用程度高。

其中,针对学校领导的调研安排如下:

2016 年 3 月,调研组根据已有的调研问卷召开专门讨论会,对学校的问卷进行修改和完善;

2016 年 4 月,完成网络调研问卷的制作,并开展试测活动;

2016 年 5 月,对试测结果进行分析,完成问卷修改工作,并着手对正式调研样本进行抽取和选择,并完成调研问卷;

2016 年 6 至 8 月,形成调研研究报告初稿。

4. 问卷的信度

本次调研采用网络方式进行,调研过程中运用 IP 和密码双重过滤的方法,去除一些不真实的调研数据。例如,一个班级的密码是一样的,密码相同的学生的年级应该也一样,调研过程中发现部分学生密码相同,但年级却不同,出现这种情况的学生问卷均作废。

本次调研的教师问卷信度 Cronbach's Alpha(内在一致性系数)值为 0.977,学生问卷的信度 Cronbach's Alpha 值为 0.941,因此信度较高。

5. 数据分析工具

本次问卷结果的分析工具为 Excel 2010 和 SPSS 20.0。

二、分析调研结果

1. 关于艺术教师方面的问题

(1) 关于艺术教师的工作量及积极性问题。

就艺术教师而言,他们中认为当前的工作超负荷的占 20.80%,满工作量的占 66.90%,同时对学校领导进行相关的调研得出的结论是,83.10% 的学校领导认为教师工作量比较适中,他们对艺术教师工作积极性给予充分的认可,给予认可的占 80.80%。

(2) 对艺术教育的重视程度。

针对艺术教师对艺术的重视程度,学校领导中认为艺术教师对艺术教育重视的占 64.99%,认为一般的占 28.17%。同时,对艺术教师进行调研,他们中认为学校对艺术教育重视的占 61.00%,认为学校对艺术教育一般重视的占 28.60%。(见表1-1)

表1-1 对艺术教育的重视程度调研表

调研对象	重视程度				
	非常重视	比较重视	一般	不太重视	非常不重视
学校认为教师	15.49%	49.50%	28.17%	5.83%	1.01%
教师认为学校	17.50%	43.50%	28.60%	9.10%	1.30%

从上面的比例可以看出,对艺术教育的重视程度,学校和教师对对方的态度基本一致。

2. 学校艺术环境

(1) 学校艺术活动场地条件。

关于学校艺术活动场地条件的调研,学校认为艺术活动场地充足的占 56.50%,认为一般的占 28.60%;认为艺术教育活动的器材、设备充足的占 57.60%,一般的占 27.80%。关于艺术教师对学校专用教室和配置情况的态度,认为充足的分别占 62.00% 和 60.70%,认为一般的分别占 26.00% 和 32.50%。

(2) 艺术教师的师资配备。

从调研结果可知,总体来看,当前艺术教师认为学校的艺术教育师资情况非常缺乏的占1.30%,比较缺乏的占6.50%,56.50%的艺术教师认为艺术教育师资情况为充足。学校认为学校的艺术教育师资非常缺乏的占19.11%,比较缺乏的占6.24%,26.36%的艺术教师认为艺术教育师资情况为充足。从两者调研结果可以看出比例相差比较大。(见表1-2)

表1-2 目前学校的艺术教育师资情况调研表

调研对象	艺术教育师资情况				
	非常缺乏	比较缺乏	一般	比较充足	非常充足
艺术教师	1.30%	6.50%	35.70%	48.70%	7.80%
校级领导	19.11%	6.24%	48.29%	23.14%	3.22%

(3)工资待遇情况。

从调研结果可知,总体来看,当前艺术教师中对工资待遇情况不太满意和非常不满意的达到了75.30%,而比较满意和非常满意的仅为16.80%,这反映出艺术教师们对工资待遇基本处于不满意的状态。

3.艺术学科

(1)您认为艺术教材内容难易程度。

从调研结果可知,对艺术教材内容难易程度,艺术教师和学校领导有着基本一致的趋势,但比例略有不同,总体来说,教师认为容易的比例略高,认为难的比例略低。

(2)您是否认为在艺术学科进行德育教育非常重要。

从调研结果可以看出,学校对艺术育德的重要性给予了充分的肯定,高达94.77%,这说明学校充分利用艺术学科的育德功能对学生进行艺术熏陶和德育渗透。(见表1-3)

表1-3 在艺术学科进行德育教育的态度调研表

调研对象	态度				
	非常同意	较为同意	一般	不太同意	非常不同意
校级领导	69.82%	24.95%	4.63%	0.60%	0

4.艺术教育中的德育渗透

(1)艺术教育渗透德育的基本情况。

从调研结果可知,总体来看,艺术教师对当前艺术教育中德育渗透的基本情况认同度比较低和非常低的仅占 6.40%,而比较高和非常高的占到了 45.50%,反映出艺术教师们对于当前艺术教育中德育渗透的基本情况比较满意。(见表 1-4)

表 1-4 对当前艺术教育中德育渗透的基本情况认同度调研表

调研对象	认同度				
	非常低	比较低	一般	比较高	非常高
艺术教师	1.90%	4.50%	48.10%	40.30%	5.20%

(2)艺术教师渗透德育的整体能力基本情况。

针对艺术教师渗透德育的整体能力基本情况来说,学校领导层面调研结果表明,大多数(63.59%)学校领导选择同意,选择不同意的仅占 7.44%,有接近 1/3 的学校领导选择了"一般"。(见表 1-5)

表 1-5 对艺术教师渗透德育的整体能力基本情况态度调研表

调研对象	态度				
	非常同意	较为同意	一般	不太同意	很不同意
校级领导	16.51%	47.08%	28.97%	6.84%	0.60%

5. 艺术教育教学

(1)艺术教育的教学方法。

对艺术教师对艺术教育的教学方法,学校领导层面调研结果表明,部分(35.82%)学校领导选择了形式多样,选择单一的占 30.38%,有超过 1/3(33.80%)的学校领导选择了一般。(见表 1-6)这说明学校领导层面对当前艺术教育的教学方法表示了一定担心,同时不太认可。

表 1-6 对艺术教育的教学方法的认同度调研表

调研对象	认同度				
	非常多样	比较多样	一般	比较单一	非常单一
校级领导	1.61%	34.21%	33.80%	28.37%	2.01%

由对艺术教师的调研结果可知,总体上看,当前艺术教师认为学校的艺术教育活动形式丰富的占 56.50%,而认为缺乏的仅占 10.30%,因此艺术教师

们认为艺术教育活动形式较为多样。这说明艺术教师比较认可学校的艺术教育活动形式。

(2) 艺术教育的考试评价方式。

由对艺术教师的调研结果可知,总体上看,艺术教师认为目前艺术教育的考试评价方式差的占7.80%,评价方式比较好及非常好的占35.70%;但是针对学校领导的调研可以知道,选择评价方式差的占13.08%,选择评价方式好的占18.11%,从中可以看出艺术教师对考试评价方式认可度要高于学校领导。(见表1-7)

表1-7 对当前艺术教育的考试评价方式的认同度调研表

调研对象	认同度				
	非常差	比较差	一般	比较好	非常好
艺术教师	1.30%	6.50%	56.50%	27.30%	8.40%
校级领导	2.82%	10.26%	68.81%	17.91%	0.20%

(3) 当前艺术教育的途径。

由调研结果可知,艺术教师认为当前艺术教育的途径排列前三的为"知识传授"(90.10%)、"对学生(表现、作业、作品)的评价"(79.20%)、"借助生活情境(艺术品展览)"(76.00%),而学校领导认为当前艺术教育的途径排列前三的为"知识传授"(83.70%)、"借助生活情境(艺术品展览)"(78.10%)、"对学生(表现、作业、作品)的评价"(68.40%)。

(4) 艺术教育发挥的独特作用。

由调研结果可知,学校领导认为当前艺术教育的作用排列前三的为"塑造人的品质(陶冶情操、丰富精神世界)"(90.10%)、"提高自己的人文素养"(62.58%)、"帮助学生提高审美情趣"(54.12%),而"健全人的公民素质方面发挥着独特的作用"(32.19%)、"帮助学生理解、尊重多元文化"(31.39%)、"坚定学生的理想信念"(17.91%)、"提升爱国主义情怀"(14.89%)、"帮助学生提高创造性思维"(11.87%)依次排在后面。

(5) 艺术教育主要存在的困难。

由调研结果可知,当前艺术教师认为艺术教育过程中遇到的主要困难排列前三的为:"教学班人数过多"(48.60%)、"活动资金不够"(53.40%)、"缺乏家长支持"(43.50%)。

(6) 目前所学的艺术课的占用情况(含音乐和美术)。

从对学生的调研结果来看,认为当前艺术课从没有被占用的占36.50%,这说明认为被占用的比例较高,约为73.50%,其中认为经常被占用和总是被占用的比例之和为14.90%。

(7) 艺术老师讲课水平。

总体来看,学生们认为当前执教的艺术老师的讲课水平比较低和非常低的共占5.80%,而比较高和非常高的共占73.50%,后者远远大于前者,这说明学生们对艺术老师的讲课水平很认可。

(8) 最近一学年去校外艺术场馆(比如剧院、美术馆等)的情况。

通过调研发现,从总体上看,当前学生最近一学年去校外艺术场馆(比如剧院、美术馆等)的情况一次都没有的占28.70%,去过1~2次的占38.10%,去过3次及以上的占33.20%,最近一学年学生没有去校外艺术场馆的情况较少。

6. 艺术课程德育一体化

(1) 艺术课程德育一体化实施中实施难易度情况。

从对学校领导的调研结果来看,他们对艺术课程德育一体化实施难易度的认识,觉得"文化自信"最容易实施,占64.19%,"政治认同"最难以实施,占46.48%。(见表1-8)

表1-8 对校级领导进行"艺术课程德育一体化实施中实施难易度情况"的调研结果

调研对象	项目	调研结果			
	类别	政治认同	公民人格	文化自信	国家意识
校级领导	最容易实施	7.04%	20.12%	64.19%	8.65%
	最难以实施	46.48%	19.52%	18.51%	15.49%

(2) 艺术课程德育一体化实施中当前教材中最缺乏的内容。

从对学校领导的调研结果来看,他们认为艺术课程德育一体化实施中当前教材中最缺乏的为"公民人格"方面的内容,占31.59%,其他依次为"政治认同""文化自信"和"国家意识"。(见表1-9)

表 1-9 艺术课程德育一体化实施中当前教材中最缺乏的内容调研表

调研对象	调研结果			
	政治认同	公民人格	文化自信	国家意识
校级领导	26.56%	31.59%	25.96%	15.89%

(3) 艺术课程德育一体化了解情况。

针对学校领导的调研结果表明，他们对艺术课程德育一体化了解程度如下，认为了解的占 63.78%，认为不太了解和不了解的占 28.77%，这说明多数学校领导对艺术课程德育一体化是了解的，但也有近 1/3 的领导认为不了解或不太了解。(见表 1-10)

表 1-10 对艺术课程德育一体化了解情况的调研表

调研对象	了解情况				
	非常了解	比较了解	不清楚/无所谓	不太了解	不了解
校级领导	5.23%	58.55%	7.32%	28.57%	0.20%

(4) 对实施艺术课程德育一体化的态度。

从对学校领导的调研结果来看，他们对艺术课程德育一体化认为重要的占 94.57%，认为不太重要和不重要的占 0.80%，这说明绝大多数学校领导能意识到艺术课程德育一体化的重要性。(见表 1-11)

表 1-11 对实施艺术课程德育一体化的态度调研表

调研对象	态度				
	非常重要	比较重要	不清楚	不太重要	不重要
校级领导	40.04%	54.53%	4.63%	0.60%	0.20%

(5) 学校艺术课程德育一体化实施情况。

从对学校领导的调研结果来看，他们中认为艺术课程德育一体化没有实施的占 29.20%，已经实施的占 70.60%，但其中有 56.10% 没有制定相关制度。(见表 1-12)

表 1-12 艺术课程德育一体化实施情况调研表

调研对象	实施情况				
	没有实施	没有实施,等待相关要求	已实施,没有制定相关制度	已实施,并制定相关制度	其他
校级领导	8.90%	20.30%	56.10%	14.50%	0.20%

(6) 中小学艺术教育中渗透德育的教材系统性情况。

从调研结果可知,艺术教师中认为中小学艺术教育中渗透德育的教材系统性情况为一般的,具体占48.10%;43.50%的人认为中小学艺术教育中渗透德育的教材系统性情况比较好或非常好。学校领导中认为中小学艺术教育中渗透德育的教材系统性情况为一般的,具体占68.40%;23.70%认为中小学艺术教育中渗透德育的教材系统性情况比较好或非常好。这说明艺术教师对艺术教育中渗透德育的教材系统性问题,看法更为积极。

(7) 中小学艺术教育中渗透德育的各学段衔接性情况。

从调研结果可知,艺术教师中认为中小学艺术教育中渗透德育的各学段衔接性情况为一般的,具体占51.30%;认为中小学艺术教育中渗透德育的各学段衔接性情况比较好或非常好的占40.90%。学校领导中认为中小学艺术教育中渗透德育的各学段衔接性情况为一般的,具体占69.62%;认为中小学艺术教育中渗透德育的各学段衔接性情况比较好或非常好的占18.51%。(见表1-13)

表 1-13 对中小学艺术教育中渗透德育的各学段衔接性情况调研表

调研对象	衔接情况				
	非常差	比较差	一般	比较好	非常好
艺术教师	2.00%	5.80%	51.30%	33.10%	7.80%
校级领导	1.41%	10.46%	69.62%	17.71%	0.80%

(8) 中小学艺术教育中渗透德育的校内外联动性情况。

从调研结果可知,艺术教师中认为中小学艺术教育中渗透德育的校内外联动性情况为一般的,具体占50.00%;认为中小学艺术教育中渗透德育的校内外联动性情况比较好或非常好的占38.90%。学校领导中认为中小学艺术教育中渗透德育的校内外联动性情况为一般的,具体占64.40%;认为中小学艺术教育中渗透德育的校内外联动性情况比较好或非常好的占17.90%。

(9) 中小学艺术教育的德育一体化建设主要存在的问题。

从调研结果可知,艺术教师认为当前中小学艺术教育的德育一体化建设主要存在的问题前三位为:校内外联动性不够(53.60%)、教材系统性不强(52.30%)和各学段衔接性不好(30.70%)。学校校长认为当前中小学艺术教育的德育一体化建设主要存在的问题前三位为:校内外联动性不够(73.84%)、教材系统性不强(68.41%)和各学段衔接性不好(61.57%)。(见表1-14)

表1-14 中小学艺术教育的德育一体化建设主要存在的问题调研表

调研对象	存在问题				
	师资配备不合理	教材系统性不强	校内外联动性不够	各学段衔接性不好	其他
艺术教师	15.70%	52.30%	53.60%	30.70%	5.90%
校级领导	54.73%	68.41%	73.84%	61.57%	1.01%

三、建构培训课程

通过调研,我们了解到当前中小学艺术教育与德育一体化建设中存在一些实际需求,依据这些现实需求,我们提出建构培训课程的基本框架。

(1) 依据艺术教育教材以及教学等需求,开设艺术教育领导力建设培训课程。

(2) 依据学生对艺术教育情感、态度的调研,开设学生艺术教育管理培训课程。

(3) 依据艺术教师工作量、师资队伍及工资等的调研,开设艺术师资队伍建设专题培训课程。

(4) 依据艺术教育中德育渗透的调研,开设相关专题培训。

(5) 依据上述结论,构建中小学艺术教育的德育一体化培训课程总体框架。

据此,我们专门在中小学德育分管校长及德育主任培训班中开设了"艺术教师育德能力提升"专题培训,主要培训专题内容如下。

专题1 如何科学核定艺术教师的工作量?如何激发艺术教师育德的内在动机?

调研发现,艺术教师普遍认为目前艺术教师不能得到与其他学科教师同等的待遇,课时经费核定量较低。艺术教师除了正常的课堂教学外,还需要处理的学校艺术活动较多,导致工作超负荷,而这部分工作量通常不能作为课时经费,使得艺术教师的工作积极性受到较大影响,甚至出现有些区域中小学艺术教育人才严重流失的现象。为此希望相关决策部门科学核定艺术教师的工作量,把艺术教师承担学校安排的课外艺术活动的工作计入工作量,提高艺术教师的工作待遇,激发他们的工作积极性,使艺术教师能全心投入到指导学生开展艺术活动中,让学生在实践体验中提高艺术素养和道德修养。

专题2 如何加强学校艺术教育硬件环境建设,为艺术教育德育一体化提供保障?

通过调研发现,目前学校艺术教育活动中硬件环境配备方面差异较大,较多学校存在着艺术教育活动专用教室缺乏或设施不足、不能提供学生开展艺术展演的场馆等现象,也存在着艺术教师在开展教育活动时所需的器材配备和电脑配套设施等不能满足的现象。

为此,艺术教育的德育一体化开展和实施,对于学校和一线教师而言,一方面需要一定的经费支撑,配备艺术教育所需的专用教室、器材等,对一些功能落后的专用教室要进行优化和完善;另一方面,学校要根据条件,提供艺术活动所用的资源、场所和艺术展演的场馆。总之,教育行政部门应该为学校和教师开展艺术教育的德育一体化创设硬件条件,提供设备保障。

专题3 如何对不同学段的艺术课程教材进行一体化的整体设计?

调研发现,中小学艺术学科的内容不具有系统性,也缺乏整体的衔接,不同学段之间教学内容会出现重复,各学段对知识点难易程度很难控制。

艺术课程的配套备课资料包不完整。配套材料种类不多,有时上课没合适的材料;教材内容不够丰富,设置不太合理。

艺术教材的一体化内容在"公民人格""政治认同""文化自信"和"国家意识"四个层面上有着较大的差异。

为此,围绕艺术教育的德育一体化工作,需要对艺术课程和教材,特别是配套资料包等方面做好顶层规划和设计。在艺术学科的纵向层面,从内容上保持连贯性和衔接性;在不同艺术学科表现形式(如音乐与美术)方面,做好横向的比较和贯通,使得学科内容既相对独立,又互相衔接。

专题4 如何加强艺术教师的培养力度?

艺术教育的德育一体化落实到学校层面,关键的实施者是教师。通过调研我们发现,教师们对自身素养提高有着迫切的要求。教师认为他们往往是某一专业毕业的专职教师,而艺术是一门综合学科,需要各种艺术学科专业知识和能力。通过访谈,我们也发现,艺术教师对艺术的理解能力也存在差异和不足。因此我们建议,有关部门和学校要组织针对艺术教师专业的培训、教材使用的培训和艺术教育德育一体化的培训等,并且需要对这些培训做好整体设计和分段实施。具体措施如下。

首先,提升艺术教师的育德能力。加强艺术教师的培训工作,在培训活动中增设艺术育德的培训模块,就艺术教师育德的路径、方法,以及艺术教师育德意识与能力的关系、艺术教师育德的评价等进行专题培训,从而提高艺术教师的育德能力和水平。

其次,提高艺术教师的学历水平,为艺术教师培养搭建舞台。学校为艺术教师学历提高搭建平台,鼓励和支持艺术教师获得高一层次学历。同时选送艺术教师进入高一层次的学术培训或者艺术实训基地进行长周期在职培训,为艺术教师的培养提高搭建舞台,提供机会。

最后,建立健全艺术教育师资互动交流机制,提升艺术教师专业境界。根据不同地区的艺术教师的现状和条件,采用分层次、多阶段的艺术教育师资队伍培养方式,让艺术教师在城乡间、省市间、中小学和高校之间多交流和互动,甚至为艺术教育师资开展国际交流提供保障,建立健全艺术教育师资互动交流机制,提升艺术教师的专业境界。

专题5　如何创新途径和方法,推进艺术教育的德育一体化?

通过调研,我们发现教师们对艺术学科的育德作用给予了充分的肯定,普遍认为艺术学科是一个很好的育德平台,要充分发挥其育德功能。同时,教师们也认为,育德方式虽然多样,但是应认识到艺术课程中育德需要渐进式渗透,做到润物细无声,为此,需要在育德的途径和方法上能有所突破。

第一,艺术教育主阵地在课堂教学。通过加强艺术教师素养,进一步改善教学质量,培养学生对艺术学习的兴趣。另外,在课堂中可利用活泼、丰富多样的形式组织教学活动,如团体合作学习、角色扮演、实景再现等。

第二,艺术教育的德育渗透必须与学生的生活相联系,要充分认识到校内外联动、参与社会活动对学校教育有着不容忽视的作用,建议让学生多出去参观艺术展、欣赏艺术作品,利用艺术为载体与大师对话,参加艺术志愿者活动,等,让学生通过实践和体验,习得艺术知识,提升艺术素养。

第三，创造条件，给学生更多展示自己艺术作品和表现自身艺术才能的机会，如艺术展演活动、艺术专项比赛以及对外艺术作品评比等；学校可以把课外艺术兴趣活动和艺术社团作为学生艺术教育的重要抓手，丰富和拓展课堂教学活动，提高学生的艺术素养。

第四，借助外部艺术资源，提高学生的艺术素养。为弥补学校艺术资源的不足和短板，学校可以打开思路，聘请高等学校的专业老师担任艺术学科的教学顾问或兼职教学任务，区域也可盘活艺术教师的资源，形成校际良性流动的格局；城乡之间可以建立艺术教育联盟等；做好学校与家庭、社会一体化，体现三方为学生艺术素养提升的协同合作。

第五，形成校内外艺术教育一体化格局，学生的艺术学习要走出学校，走进校外场馆如博物馆、美术馆、展览馆、音乐厅等，利用艺术场馆资源，为学生艺术学习搭建舞台，让学生在潜移默化的艺术熏陶中提升自身的素养。

第六，充分利用教育现代技术，以其为载体，发挥其传播迅速、受众群体庞大、传播形式多样等特点，开展艺术教育活动，传播艺术教育正能量，提高学生对艺术活动的参与度。

专题6　如何推进多层面的衔接和共融？

目前，艺术教育还存在如下的几种不足：一是注重学生艺术知识教育，忽视了学生艺术精髓教育的思想和现象仍然存在，对学生艺术素养的培养仍是学校素质教育中相对薄弱的环节；二是艺术教育工作中存在着学校各自为政，艺术教育资源浪费和流失的现象；三是对学生普适性的艺术素养和艺术特长的培养处于一种不平衡、不协调的状况，没有真正发挥特长生的艺术感染力和带动作用。上述这些问题，大大削弱了艺术教育对学生艺术素养提高的整体功能和"以美育人"的作用。

艺术教育的德育一体化，除了在教材层面、校内外、不同学段之间一体化考虑之外，还应注重以下几点：第一，学生艺术知识习得、技能掌握与艺术素养培养之间的共融；第二，学校之间合作和互动，让校际艺术资源共享；第三，艺术特长生资源的利用和辐射作用。在学校的艺术教育层面，充分利用好艺术特长学生的带动和辐射作用，通过典型示范，提高全体学生的艺术素养水平，因此做好学生群体中点面互动和共融也是艺术教育德育一体化的一个重要方面。

专题7　如何贯彻执行国家艺术课程标准，确保课堂教学的有效性？

通过调研发现，当前的教育现状严重影响了艺术教育的正常课堂教学，如艺术课被占用的情况时有出现,即使艺术课没有被占用,也往往沦为学生完成其他考试学科的作业时间。再加上有关行政部门的评估指标设置带有明显的倾向性,更为关键的是,学校的教育质量往往只关注考试科目,从而使艺术教学变成了可有可无的附属性教学。试想,一个课堂教学都无法正常开展和实行的学科,怎能保证其有效的德育渗透作用?为此,我们认为,学校应该根据《义务教育课程设置实验方案》开设艺术课程,确保艺术课程课时总量不低于国家课程方案规定的总课时9%的下限,鼓励有条件的学校增加艺术课程课时。教育主管部门应该根据国家课程标准,对艺术教育教学质量进行监测和专项督导,确保课堂教学的有效性。

专题8 如何落实艺术教育信息化,加强艺术资源共享平台建设?

当前现代信息技术的运用已经渗透到各行各业,其对教育的影响和作用已形成共识,艺术教育活动应该积极借助信息技术手段,加强艺术作品的创作、艺术活动的推介、艺术教育活动的展示以及艺术人才的宣传等。除此之外,针对目前艺术教育德育一体化中教育资源不足、学科建设不能有效衔接等现象,建议开发区域性艺术资源共享平台,形成具有特色的区域艺术资源库(如书库、画库、音库、戏库等),为教师在教学中共享提供必要的支撑,创建艺术智慧馆、数字艺术库、信息化艺术中心,基于网络开展艺术论坛等。艺术资源共享平台的构建,一方面利于中小学优秀艺术作品的存储,另一方面也便于优秀艺术作品的辐射,同时还利于各地区基于网络艺术资源平台开展交流互动,扩大其影响力和实效性。

第二章

任务驱动技术

学校干部培训是提高学校干部素质和能力的重要途径。创新干部培训模式,提升干部培训实效,既是提升干部队伍整体水平的需要,也是新时期改革与发展对干部队伍提出的必然要求,更是承担培训工作的干训部永恒的目标和主题。在浸润式培训模式研究的实践探索中,我们会以"任务驱动"形式开展学校干部培训。

第一节　任务驱动技术的内涵和意义

一、任务驱动技术的内涵

所谓"任务",通常是指日常生活中交派的工作、担负的职责和责任。学校干部承担着学校全面或某一方面的管理工作,任务目标非常明确。

任务驱动技术从任务驱动教学法演变而来。该培训技术以任务为载体,在培训内容中融合若干任务,突出以培训学员为主体,重点强调学员的主动参与、亲身体验和互动共享,让学员通过完成具体任务,主动构建新的工作方法和工作架构,自觉学习、主动研究,从而提高在学校的工作效率和质量。

二、任务驱动技术的意义

美国著名的学者、学习专家爱德加·戴尔提出的"学习金字塔"理论告诉我们,"听讲""阅读"等几种个人学习或被动学习的传统方式,学习效果都在30%以下;团队学习、主动学习和参与式学习,学习效果在50%以上;而如果是

"做中学"或"实际演练","教别人"或"马上应用",学习效果可以分别达到75%和90%。干部培训与教师培训、一般职业培训不同,既具有成人教育的一些特点,又具有领导干部群体教育学习的独特性。一方面干部在工作中有经验的累积和问题的导向,参加培训是一个不断进行知识更新的过程,干部学习时会非常注重时效性和实效性,有兴趣和有用的内容会提升学校干部培训的成效。但是传统的学校干部培训中,在培训课程中关注干部素质提升的同时,虽然也重视学校干部工作实践,设置学校工作的实务课程,但由于大多是用已有的工作理念和工作经验作为培训要点,培训内容相对滞后,造成学员们学习动力不足。另一方面培训方式也对培训质量起着至关重要的作用。原有的培训形式多以专题讲座为主,配合一些现场实地考察观摩、经验总结访谈、分组讨论等方式进行辅助,形式相对单一,参加培训的学员基本以听为主,使培训和工作基本处于两条平行线。

任务驱动技术是一种"以学员为主体,以任务为中心"的新型培训技术,参加培训的学校干部在培训中以完成自身承担工作为要求,或完成培训中的任务为目标,通过培训与工作结合,在培训中助力完成相关的工作,从而提高自身履职能力,提升学校教育教学水平。这对提高干训的实效性有着切实而又深远的意义。

第二节 任务资源技术

一、任务资源技术的内涵

任务资源技术即任务内容的选择。任务资源是任务驱动技术运用于干部培训的重要方面,任务资源选择得好坏、得当和成功与否,直接影响干部培训的成效。作为学校干部培训主体——干训部首先要精心选择好每一个任务。因为任务驱动技术是要让学校干部在参加培训的同时,通过完成任务,更主动、更广泛地激活原有的工作思维,拓宽工作经验,理解、分析并解决当前学校中的新问题,从而提升工作素养和工作能力。因此,任务内容直接影响培训效果,任务资源技术至关重要。

二、任务资源技术的原则

任务资源技术的原则是三个"有",即有益性、有用性、有趣性。

1. 有益性原则

有益指有帮助、有好处。应选择对学校干部自身和所承担工作有帮助、有好处的内容作为任务资源。针对学校干部所承担的工作职责,选择与学校工作主题密切相关的目标要求或问题作为培训的任务内容。学校干部通过完成任务能明确各自的定位和目标、厘清思路,这对完成承担的工作有帮助和指导意义,使学校干部有能力洞察面临的问题,并解决问题。

2. 有用性原则

有用指可以利用、有价值。应选择对学校干部自身和所承担工作可以利用、有价值的内容作为任务资源。选择学校干部在承担工作职责时出现的具有共性的真实问题作为任务内容。美国哲学家、实用主义奠基人威廉·詹姆斯提出"它是真的,因为它是有用的",明确了"有用就是真理"这一著名命题。真实问题能有效地激发学校干部的共鸣和学习的主动性。学校干部通过任务内容对原有工作中相关的规则、方法和经验进行分析,在探索和实践中完成某种特定的培训任务,激发联想、判断,诱发出创新工作的动力和实力。

3. 有趣性原则

有趣指有兴趣、有趣味。应选择学校干部很有兴趣的事情和内容作为任务资源。学校干部的学习工作场所在学校,人们常比喻学校是象牙塔,这从另一种角度反映出学校干部局限于学校,远离社会的现状。针对学校干部感兴趣的内容设计任务,使学校干部在愉悦中感知,在品味中借鉴,敏锐感知世界的变化,引起内心的涟漪,从而在交流、交融中更好地发现工作的乐趣,顺应学校的转变,理解学生的多元,成为善于工作、乐于工作的有趣之人。

三、任务资源技术的实践

在选择任务资源的实践过程中,有三种途径可获取任务资源,它们分别是培训、学校工作和跨界学习。

1. 从培训要求中来

在学校干部培训中,学员多是本区域中小学和幼儿园的中层以上干部。正职校长和书记全面负责学校各项工作,校级副职分管学校各项工作,学校中层干部在学校的各个管理岗位上各司其职,岗位不同,培训要求有差异。根据不同的培训要求,找到并设计有益于学校干部岗位任职的任务内容,通过任务驱动,使干部在培训学习研讨中明确目标,找到自己的定位,将组织需求、岗位需求和干部自身需求有效结合起来,切实提高工作能力。

校级干部培训主要以深入解读、理解、实践教育部颁布的《义务教育学校校长专业标准》为任务。参加校长班培训的校长带着任务,汲取专家智慧,展开深度思考,进行问题诊断,以微论坛、进行专题研讨、撰写读书心得、反思工作案例等形式整体推进学习,在不断的互动研修中,收获了许多成果,圆满完成了培训任务。在学校党支部书记培训班,培训任务是学习以专业标准撰写工作案例。校党支部书记们通过学习明确了学校校长、书记在学校中的角色定位和相互关系,对书记在学校的组织建设和学校文化、党员素养和队伍建设、创新工作机制和民主管理、组织效能和工作创新等方面的重要工作有了全新的理解。培训中又结合实际工作中的教训和积累的丰富经验撰写案例,通过案例反思,引导学校党务干部经常审视自己的日常工作,积累经验,激发智慧,提升了其在学校党建工作的水平。

学校科研干部培训班的培训要求是:提高科研干部管理学校科研工作的能力。学员在培训中要完成的培训任务是:撰写一篇学校科研工作管理案例。在完成任务的过程中,学员们通过专题讲座、交流学习和互动分享,对当下市、区学校科研趋势和方法有了全面的了解,对各自学校的科研工作实际有了切实的研判,对自己管理的工作从运作到有成效有了深刻的反思,出色地完成了培训的任务。

 案例1

以真情凝聚　用活动黏合
——联合党支部如何开展党组织活动的思考

徐萍(黄浦区教育事务受理中心联合党支部书记)

当下,随着体制改革的不断深入,许多机构相继撤并,党的组织建设也有了相应的变化,越来越多的联合党支部领导和开展着基层的党员活动和组织生活。黄浦区教育事务受理中心联合党支部就是一例,18位党员分别来自事务受理中心、退管会、督导室、考试中心、老干部办公室、青保办、档案室、工会等部门,有退休的,也有在职的。由于是联合党支部,部门众多,人员分散,给支部活动带来了一定的困难,要想做到人人参加,的确有点难。

面对困难,必须解决。联合党支部想方设法设计形式多样、内容丰富、眼界开阔、具有亮点的组织生活,得到了广大党员的积极响应,他们热情参与其中。

2012年敬老节期间,区老干部局组织离休老干部参加以"风雨人生,风光旅程"为主题的"看黄浦、知黄浦、爱黄浦"活动。这既是一个非常有意义的活动,又给联合党支部的党员活动提供了一个很好的契机。于是,一个让党员为离休老干部服务,陪伴他们一起参加活动的好点子产生了。

在组织活动之前,我们首先通过平台把即将开展的活动告知每位党员同志,让大家能尽早安排好手头的工作,以保证参加支部活动。然后,我们又一个一个电话抓落实,询问大家是否有困难。令我们感动的是,所有的党员都很兴奋,纷纷表示要克服困难,安排时间参加。

活动的当天,党员们都早早来到活动现场,个个脸上挂着笑容。一名党员说,参加这样的活动,不仅是服务好老同志,也是对自己一种提升,由于平时忙于工作,身在黄浦,却很少有时间去了解黄浦,"看黄浦、知黄浦、爱黄浦"活动也让他们进一步了解了黄浦的发展,更喜欢黄浦了。

"风雨人生,风光旅程"的最后一个亮点是走进经典,党员们陪同老干部来到了焕然一新的艺术殿堂——上海文化广场,观看了一场世界级水平的"极致百老汇",在感受了一场视觉盛宴后,大家纷纷表示很有感触。有位党员说,文化广场开业一年了,作为一名"老上海",竟然还没进去过,是这次活动给他们创造了机会,让他们在高雅艺术的欣赏中提升了艺术修养。

踏上归途,车中笑声一片,虽然有点累,但大家的情绪非常饱满。正如一名老党员说的那样:这是一次党支部用心组织的活动,每一个环节都有周全的安排,能让全支部的党员出席,不容易啊!

[问题]

活动虽然很顺利,党员出席率100%。但是,党的组织生活是否都要这样安排?联合党支部平时的学习活动、组织生活如何才能有效地开展?

[评析]

联合党支部是党的基层组织的一种组织形式。联合党支部一般多存在于党员比较分散的机关部室或基层单位。联合党支部既具备一般党支部的职能而又具有自身特点，又存在着由于制度不够健全而使党支部工作无章可循，造成工作盲目性的问题。

联合党支部的工作往往处于被动状态，是一些应付性的工作，没有明确的工作思路和目标。

《党章》第八条中明确规定：每个党员，不论职务高低，都必须编入党的一个支部、小组或其他特定组织，参加党的组织生活，接受党内外群众的监督。党员领导干部还必须参加党委、党组的民主生活会。不允许有任何不参加党组织生活、不接受党内外群众监督的特殊党员。

但是，联合党支部组织活动难度比较大。首先是地域上分布较分散，这给开展党支部活动带来了难度。其次是涉及的部门多，这给党支部开展活动带来了难度。活动的时间难以同步，想组织个活动，这个单位有时间，那个单位没时间，造成人员难以集中。再次是部门之间工作性质和任务不同，这也给党支部开展活动带来了难度。如果各单位的工作职责相差太大，就只能过纯粹的党内政治生活，很难与部门的工作实际相结合。

如何解决综上所述的问题和矛盾，我有几点不成熟的想法。

（1）增底气，注重班子成员的自身学习，加强党支部的战斗力。

联合党支部的领导班子中，最重要的是配备好"班长"。特别是像我这样年轻的新任书记，虽有热情，但缺乏经验和方法。所以，"班长"就必须多学、多思、多实践。不但要加强自身学习，还要带领一班人学习，学习党的章程，学习相关的文件资料，学习其他党组织的成功经验。保持较高的政治责任心，在实践中培养业务能力和组织协调能力。只有这样，工作才有底气，才能集聚起较强的战斗力，去开展党的工作，完成党给予的深化队伍建设、抓好组织生活、提升党员素质的任务。

党支部要在党员中间形成讲正气的氛围，提醒大家：参加党组织的学习和活动，是每一名共产党员的任务；参不参加党的组织生活，是一个大是大非的问题，是对党忠诚与否的态度问题。党支部可以建立党员的考核机制和评价体系，将定性要求和定量考核相结合，提高党员参加组织生活的自觉性。

(2) 集和气,注重党员之间的沟通交流,加强党员队伍的凝聚力。

联合党支部的关键词是"联合",我认为这不仅是组织关系的联合,更应该看成党的宗旨、党的纪律和党的任务把我们联合在了一起。分散只是一种表象。要知道在战争年代,党员的分布是更加分散的,但是,他们出于对党的忠诚和对组织的向往,千方百计地通过各种方式联络、交流和学习。而如今,在和平的环境下,联络的方式和手段都发生了翻天覆地的变化,电话、微博、短信都能迅速实现信息互通、情感交流的目的,但是为什么彼此之间的交往,特别是与组织的联系反而显得少了、不自觉了呢?我想,关键还是在"联合"两字上,如何真正做到思想上的联合,是党支部必须思考的大问题。因此,要建立"党组织关爱党员、党员关爱群众"的机制。党支部要关心党员的思想、工作、学习和生活,经常听取党员的意见,切实帮助解决他们所需要解决的问题,让党员感觉到"无论走到哪里,组织都在身边"的温暖和信心。

和谐社会注重的是凝聚民心,而在构建和谐社会中起到先锋模范作用的党员,更应该凝聚党心,团结在一起。我们也要带领全体党员体察民情、了解民意,帮助群众解决实际问题,让职工在实实在在地感受到党组织关怀的同时,感受到凝聚起来的党员形象。

(3) 接地气,注重党员活动的丰富有效,提高组织生活的向心力。

任何活动,离开了"地气",是很难有生命力的。枯燥而单一的学习,往往会让参与者感到乏味和无趣,参与者的兴趣会减退,参与的人数也就会越来越少。这种现象,对于原本就"分散"的联合党支部来说,就更容易出现了。

因此,我们就必须把党员活动的丰富有效放在重要的位置,不断提高组织生活的向心力,而这"向心",是要靠组织者精心培育的。以"风雨人生,风光旅程"为主题的"看黄浦、知黄浦、爱黄浦"活动就是较为典型的例子。但是,许多活动不会像这样的活动体现出多元素,这就需要组织者精心策划、认真选题,摸索党支部的特点,熟悉党员的关注点,结合学习的重点和社会的热点,开展多种形式的主题活动。党支部既要有严肃认真的学习形式,又要开展形式多样、丰富多彩、生动活泼、健康向上的文化娱乐活动,使党员在有益的活动中相互了解,增进友谊,增长知识,得到党性锻炼,从而促进党支部建设,提高党员的政治理论素质,推动各部门工作的开展。

活动不在于多而在于精。只有让参加学习的党员感受到组织者的真情和诚意,活动的有效性才能得以充分体现,同时也会使他们产生对下一次活动的期待。

诚然,联合党支部开展党员活动存在着这样那样的困难,但是,我们清晰地看到联合党支部的自身优势,来自各单位(部门)的党员同志,有着不同的工作经历和来自不同的工作环境,他们拥有大量不一样的信息,这给支部的活动带来了许多可以创造出亮点的元素,每一个人对别人的信息都会产生不同的感受,因此,这也给活动增加了别样的期盼。

我们要利用这些可以化为成效的优势,充分发挥每个党员的主动性和积极性,精心、细心、热心地策划好每一次活动,使组织生活变单调为丰富、变刻板为活泼、变枯燥为有趣,以真情凝聚人心,用活动黏合队伍,探索出一条创新党的基层组织生活模式的新途径。

 **案例 2**

小型学校科研管理工作的现状分析与思考

四川南路小学　魏国娟

[学校教科研的现状]

一、较为理想的方面

1. 阅读特色研究做深做实

四川南路小学始建于 1857 年(清咸丰七年),至今已有 160 多年历史,是一所有着优秀传统与丰富内涵的学校。学校多年来坚持开展红领巾读书读报活动,曾先后被评为全国、上海市、黄浦区读书读报先进单位,现在是上海市儿童阅读基地学校、儿童阅读种子学校、儿童阅读十大点灯学校、上海市家庭教育指导实验基地。2017 年 4 月,学校迎来了第十届读书节,在实践与探索的过程中逐渐形成了自己的办学特色。学校坚持面向全体、全面渗透、持之以恒地开展红领巾读书活动,以书香校园建设为切入口,整合二期课改的课程、少先队活动、家庭教育等内容,将阅读活动纳入基础型课程、拓展型课程、探究型课程以及校本特色课程,以研促教,以研兴校,使办学特色更具时代性、时效性,提高了学校的办学水平。

学校虽然小,但一直秉持着"把一件事情做深做实"的原则,开启了新十年的阅读征程。学校以教育综合改革项目的实践与研究为引领,以"办人民满意的教育,办学生喜欢的学校"为根本追求,精心打造学校特色课程,编写了《快乐阅读,伴我成长》校本教材,开发了绘本阅读教学、主题阅读活动、阅读实践活动、"小思"阅读活动等,落实学生核心素养的培育目标,努力营造浓浓的书香校园氛围,构建更加和谐、温馨的校园阅读文化。

2. 青年教师科研积极性高

近几年,学校几乎每年都招聘2名青年教师,35岁以下青年教师占37%,超过三分之一。学校非常重视对青年教师的培养,鼓励教师开展教科研,对有研究意向与课题申报的教师提供专业方面的帮助与指导。学校邀请区科研员为申报区级课题或青年教师课题的教师提供专业指导,帮助教师顺利立项、研究和结题。近阶段又是一年一度的区级青年教师课题申报的时间,学校青年教师申报课题的积极性非常高,有申报意向并着手在准备的教师中35周岁以下的青年教师占一半以上。需要说明的是,本次不申报的教师有的还有尚未结题的课题,有的近几年刚结束一个课题研究。因此只剩下2名还在见习期的青年教师没有申报。这是一些青年教师踏上工作岗位后第一次进行教育实践类课题研究,对于他们来说确实存在着一定的困难,但青年教师个个迎难而上,积极性很高。鉴于每校只能申报三项的要求,学校只能邀请校外专家对他们的申报表进行初选,择优参加区级青年教师课题的申报。

二、学校科研工作的困惑与不足

1. 中年教师教科研动力不足

目前学校在职教师人数40人,45岁以上成熟型教师占50%,除3人是高级职称外,其余都是中级职称。一方面,高级职称评审的要求比较高,有的教师几次参评几次被刷,其他教师也信心受挫,中年教师参与教科研的积极性较低。另一方面,近几年,几乎每年都有两名青年教师进入我校,35岁以下青年教师占37%,超过三分之一。但由于中级教师职称名额已经饱和,青年教师职称评审的空间也非常小,因此在一定程度影响了青年教师参与科研课题研究的积极性。

2. 缺乏科研专业指导

(1)教师自身科研基础能力较弱。

一方面,近几年招聘进校的青年教师都是大学本科或硕士毕业,有的步入教学岗位后继续进修,从整体上讲他们具有一定的科研能力,但他们大多缺乏对教育教学实践类课题的研究。另一方面,学校大部分中年教师和成熟型教师毕业时间较早,教科研意识和能力相对较弱。这些教师有的对教科研的作用没有足够的认识,认为只要上好课就可以了;有的虽然认识到了教科研的重要性,但总感到教科研很神秘深奥,无从下手,有畏难情绪,没有勇气跨出第一步;有的教师认识到位了,也有课题研究,但由于理论支撑不够,具体操作不规范,效果也不明显,这就影响了其后续的科研积极性。

(2) 学校科研负责人专业指导力不从心。

作为科研主任的我,虽然从事了多年的学校科研管理工作,但因小型学校的中层都要在校内同时分管其他多项工作,而且我只对自己任教的主要学科有较清晰的认识和理解,对其他学科可以说真是个"门外汉",尽管学科间存在着相通性,在很多领域和观念上都有共同点,但教科研毕竟是一项对专业要求较高的工作,所以我常常觉得力不从心,不能完全满足教师的科研专业指导需求。

三、总结与反思

虽然学校教科研工作存在着重重困难,但随着课程改革的深入推进,学校教科研工作的重要性越来越得到教育界的认可,"学校教科研是深化教育改革、推进课程改革的必由之路,是学校可持续发展的必然选择,是教师可持续发展的重要途径",这样的理念被越来越多的学校管理工作者和广大教师所接受。

在中小学教育科研工作中,我们只有端正思想,正确认识教育科研工作的意义和作用,遵循教育科研工作的性质和特点,少一点功利主义色彩,多一点实干精神,这样,教育科研工作才能健康发展,也才能在教育教学工作中发挥它应有的作用。

1. 抓课题,为教学实践服务

学校教科研应以研究教育教学实际问题为主,坚持实事求是,一切从实际出发。要从自己的教育实践中找课题、找方法,要从本校教职工的实际水平出发搞多层次研究;坚持理论联系实际,注重应用和实践,使教育科研能见到实效,解决教育、教学改革中的实际问题,不断提高开展教育科研的积极性;坚持科研与工作结合,以教育、教学工作带动科研工作,以科研促教育、教学工作,让科研为提高教育、教学质量服务。

2. 造氛围,形成学校教育科研环境

学校必须形成良好的教育科研氛围。首先是观念氛围。引导教师树立"科研兴教""教育要改革、科研须先行""向科研要质量""教师是教育科研的主力军"的观念,仅仅会教课而不会进行教育研究的教师,不是新时期合格的教师。其次是活动氛围。学校应采取有效措施积极地开展丰富多彩的科研活动,使学校的学术研究持之以恒、有声有色,形成浓厚的学术气氛。

3. 抓队伍,培养教育科研积极分子

要注重在教育科研实践中培养教育科研骨干,提高其科研水平。在增强广大教师科研意识的基础上,选择一些力所能及的研究课题,吸引教师参与科研实践活动,加强指导,使他们获得成功,以增强他们的兴趣和信心。

4. 勤学习,科研主任要做教育科研带头人

科研主任是教师科研的表率,因此科研主任要勤学习、善借鉴,积极开展教育科学研究,探索教育、教学规律,并使之更有效地指导教育实践,切实加强学校教育科研管理,做学校教育科研的带头人。

2. 从学校工作中来

学校工作纷繁复杂,在处理常规工作的同时,做好学校在不同时期的重点工作,不仅是学校干部的职责,还是关系着学校发展的大事。而这些学校的重点工作也是学校干部培训的重点,根据学校的重点工作设定培训任务,使学校干部通过任务和工作同步进行,任务驱动他们找到完成学校重点工作的脉络和方法,学以致用。

随着新时期教育形势的发展,《中国教育现代化2035》和《上海教育现代化2035》的拟订和指引,在新高考改革背景下,教育现代化、教育信息化、学生创新教育、学业质量绿色指标、高中特色办学、多样化发展、跨学科课程、学校内涵发展、学生核心素养等方面热点,正越来越被基础教育学校所重视,并成为学校教育改革的关注点。最近几年,上海市提升中小学(幼儿园)课程领导力行动研究项目正在全市开展,它是一项提升学业质量的行动研究,研究校长的领导力对课程的影响,研究教师的课程领导力,以提高学校的教学质量。我区许多学校参与了课题的研究和实践,付出了巨大的心力。但是各校在课程领导力的研究和实施的过程中,由于学段不同、基础不同,对课程领导力的认识、行动的执行力等方面都有着很大的差距。

干训部根据学校和学校干部的工作需求,开设了"十三五"学校干部"课程领导力提升"专题短训班。短训班以实施课程领导力为任务驱动,要求学员了解当前学校课程改革与发展形势;明确上海市中小学课程领导力的丰富内涵,

及其对学校课程建设的指导价值和现实意义;自主参与学校课程策划,现场参与案例学校的课程建设活动;完成一份课程领导力方面的小型实践报告;开展小组个性化展示分享活动,在体验式学习中关注课程改革,并将课程建设的前瞻性、科学性、实践性要求融合于课程领导之中。培训时长设定为32课时。培训任务非常重,但因为切合当前的学校工作,短训班从报名起就受到学校干部的关注,参与培训的学校干部来自中学、小学还有幼儿园,有校级干部也有中层干部,大家都带着极大的动力参与培训。切合学校工作的有实用价值的培训任务收到了很好的培训效果。

案例3

课堂教学的再思考

向明中学　张千明

上海教育正在开展"教师的课程领导力"专题,开展了研讨并进行了有效实施。这次黄浦区对各校负责的教学领导进行了课程领导力系列培训,在理论的感召和实践的碰撞中,我对学校课程的规划有了进一步的认识,也对课堂教学有了自己的思考。

一、对三维目标的再认识

知识与技能,过程与方法,情感态度与价值观——简言之:学得会、会学习、我要学。如何在课堂教学中体现三维目标?我们教师都要知道,课是为学生而上,每一节课我们都应有本节课的教学目标,课程标准中也给我们提出了三维目标,教师如何理解这三维目标并把它应用在我们的课堂教学之中?这是一个值得研究的课题。

以前有一位教师,他一节课上下来,让人感觉几乎是一气呵成的,他自认为这节课上得很好,自己心情也很舒畅。他问我:"张老师,你把我这节课评一评。"我说:"第一,这节课,你想教给学生什么?"他很快说出自己的想法,很完整,很具体,他也很得意。我又问:"第二,这节课,如果把黑板擦掉,你能留给学生的是什么?能留多少?"这时,他没有立即回答。我又接着问:"一天后、一周后、一个月后、一年后,你又能留给学生的是什么?能留多少?"这时,他的表情有点僵。他说,他从来没想过。

我说,我提出的第一点,就是我们课堂教学中提出的第一维目标——知识与技能。这一目标,在一节课中我们能够有效完成,这就是他感觉这节课上得一气呵成的原因。这也是我们教师必须达到的基本要求。如果一节课上下来,知识都讲不清,与本节知识相适应的基本技能学生都没有基本掌握,那这课一定不是一节好课,而这位教师应该说是位不称职的教师。

我提出的第二个方面,是素质教育对教师的新要求,也是作为教师应追求的境界。一年以后,十年以后,我们的学生可能把你传授的知识给忘了,或者说,知识不断更新,你传授的知识可能会变为淘汰的知识,但学生在课堂上体验的过程、情感的交融、思维的碰撞等,永远会留在他们的记忆中。他在体验的过程中学会了思考,在情感的交融中懂得了理解与尊重,在思维的碰撞中开启了智慧。这就是课标提出的三维目标的最高境界,也是教学中为什么反对一言堂,要求课堂中学生为参与活动的主体的重要原因。

二、课堂教学设计的分析

课堂教学设计,就像创造一个人,他不仅要有骨架,还要有血、有肉。无血、无肉,那我们创造的人也只能是行尸走肉。"骨架"就是教学的五个环节:课堂引入、新课传授、教学小结、作业布置、教学反馈与评价。它构成了课堂教学基本的型。

"血"是课堂教学的灵魂,就像一篇文章的主题,没有主题的文章就是一些文字的堆积。没有灵魂的教学,只是单单知识的传授,只能间接地告诉学生"我比你先知"而已。课堂教学的灵魂是什么?是以知识为载体,通过知识的传授,培养学生学会学习,进而使学生的思维方式得到优化,思维能力得到提升。教师应围绕培养学生的学习习惯、学习方式、思维能力,开展自己的教学设计,进行教学行为。这些是我们教学的主线,是教学的灵魂。

"肉"是表象的东西,有研究表明,与比较瘦弱的人相比,有些女性更喜欢身材匀称、轮廓明显、有肌肉的男性,而"适度强壮"的男性则在肌肉男中最受女子青睐。课堂教学中的"肉",就是指教学中的亮点,适当的亮点会给人耳目一新的乐感,但如果亮点太多,反而会冲淡教学的主线,不肥不瘦的红烧肉才好吃。

我们在课堂教学设计时,首先应思考此堂课的教学主线是什么,想培养学生哪些方面的情感,培养学生哪些方面的能力,围绕这些情感、能力、学习方式等以什么知识为载体设计课堂教学的五个环节,甚至包括例题的选择、例题的前后顺序,小练习的实时性,学生当前的知识水平、能力水平以及心理素养等。因此在教学设计时,我们不能只注重知识层面,还要考虑以上各方面因素。

作业的布置能否达到课堂知识的巩固、方法的扩展、思维的延伸之目的?作业不是越难越好、越多越好,作业要有适切性,要符合所教学生的实际水平。不要把高三的作业或高考题给高一学生做而到了高三又去补高一的知识点。如此,只会让教师与学生两者都承受身体和心理的煎熬。每个环节中,做好自己分内的事即可。

还要说一说教学反馈与评价,这是很多青年教师不重视的地方。实时给学生以评价,对纠正学生的不良习惯,端正学风、班风可起到非常重要的作用。应树正气、堵歪风,张扬学生的优秀品质,弘扬榜样的力量。

教师对教学的反思,也是教学设计的一个重要环节。课堂教学完成之后,教师要及时反思自己在教学设计中各个环节的得与失,多做总结,思考教学中的效果、效率与效益问题。教学效果是通过教师的课堂教学、学生对本节课所教内容的掌握情况来体现的,包括最基本的本节课所教的知识内容,也包括教师教会学生的思维方法,可以课后用一张试卷得到有效的检测。教学效率是看教师用多少时间进行教学,占用了学生多少时间,包括抽查背诵、作业评析、个别辅导、作业面批等。这主要从教师的投入时间和精力来考虑。教学效益是看学生取得一定的成绩所付出的时间和精力,考查学生单位时间里所取得的成绩。有的教师的教学效果是很好,但他占用了学生很多的课外时间,是用时间换成绩,而成绩提升到了一定的度就不会再提升了。如果所有的教师都这样,久而久之,教师和学生都会受不了。所以我们提倡教师向40分钟要效益,向课堂要效益,走教师的内涵发展之路,才能重振中国的教育事业。

三、注重学科的阅读与概述

一讲到阅读,我们不自觉地联想到语文课的阅读。语文中的阅读形式多种多样,如诵读、默读、速读、泛读、精读等,每一种阅读形式都有实时的目标和场合,诵读对培养学生某种语言的语感是非常重要的,李阳的英语教学法就是一个典型例子。速读,或称"快速阅读",兴起于台湾,现大多叫"全脑速读"。科学原理早已提示:人的大脑分为左右两部分,各自有所分管并对不同的信息内容进行处理,其中右脑主要是对图形和图像进行记忆和加工,而左脑主要是处理诸如逻辑、数字、文字等非形象化的信息。科学研究已经证明:人类进行传统阅读时,主要使用左脑的功能;而在采用速读方式阅读时,则同时充分调动了左右脑的功能,各自发挥优势共同进行文字信息的形象辨识、意义记忆和理解,所以速读被称为"全脑速读"。速读要求读者的阅读速度为 2 000～5 000字/分钟,如果掌握了速读方法,能使你的学习效率提高5～10倍。

学科不同,阅读的方式、内容,训练的材料也不尽相同,如数学阅读不完全等同于语文的阅读,除了具有共同的主动阅读(通过前面的阅读自主地猜想和探究接下来的情景或新的问题)和被动阅读特征外,数学阅读还有自身特有的特点。任何数学新知识的出现,一般都呈现这四个环节:① 概念的引入与定义;② 概念的判断;③ 概念具有的性质与运算;④ 概念的应用。在数学阅读中,建立"知识树",理顺知识呈现的"树干"与"树叶",对数学的阅读是非常有用的。

数学阅读中除了会读书外,还要会思考。要学会养成联想、转化、类比、归纳、演绎、发散、逆向等思维习惯,主要做到以下几点:① 数学语言与文字语言的转化;② 命题的条件与结论的界定与弱化;③ 数与形的思考;④ 思维的变通性(一题多解、多题一解、类比联想、逆向思维等)。现在有不少学生说高考数学试题看不懂,试想一下,我们的教师如果从高一就开始注意培养学生对上述数学阅读的四个特征进行训练,让他们自己试探着把"文字语言"与"数学语言"相互转化,而不是直接把课本上的定理、性质、公式等符号语言或文字语言直接交给学生,哪有学生看不懂题目之理?

文科强调听、说、读、写,而理科除了阅读外,还要培养学生的归纳、概括能力,能透过现象看到事物发展的本质,能揭示事物的发展规律。

四、提升质疑的效率

在教学中,往往提出问题比解决问题更重要。不少同学在遇到问题并思考后,认为解决不了,就去请教老师,这样的学生首先值得表扬,但很多学生知道解题方法后,就认为问题解决了,其实不然。我们学生最困惑的是:老师在黑板上分析题目,都能听懂,大部分人都知道应该这样做,可我们当时为什么不会做呢?这是一个值得深思的问题。如何去质疑?如何去提问?如何归纳整理?学生可以从如下四个方面发问:

(1) 这道题是怎么做的?

(2) 这道题为什么这样做?

(3) 在遇到这类题时通常应如何思考,如何解答?

(4) 对于这类知识一般容易犯什么类型的错误?

能回答(1)(2)的教师应该是优秀教师了,同样能提出问题(1)(2)的学生也是优秀学生。我们对老师不能有太高的要求,对学生也是如此,这四点是师生共同努力的方向。

上述这四点,好像有点为难教师。告诉你怎么做了,还要问为什么这么做,还要知道与知识相关的所有方法,最后还要打预防针,这些确实对一个教师要求非常高。记得在很多年前,我们个别老教师就遇到过特别能问的学生,这四个方面问下来,起码要20分钟时间,年龄大了,哪能经得起放学后每天这样的提问?最后只好一放学,就拎着包快速撤退。但对于年轻教师来说,学生也可以促进我们教师不断地总结、反思,可谓教学相长也。

 案例4

课程评价不能一考了之

上海市尚文中学　宋丽华

又是一个学年的结束。同学们纷纷打开自己的"档案袋",认真翻阅着两年来在科学学科学习中留下的每一个印记,回忆着学习过程中给自己留下深刻印象的一个个环节,他们或舒心微笑,或长吁短叹,不时还与同伴议论几句,特别是小胡同学,只见她自信地欣赏着自己的一份份资料,自豪之感溢于言表。看着同学们灵动而欢快的表情,我更加坚定了自己的信念:学习评价绝不能一考了之!

(一) 迷惘

我教初中六、七年级的科学课。回忆起自己任教的经历真可谓百感交集呀!由于学科本身的特点,课堂教学中生命科学、物质科学、地球宇宙与空间科学等多学科的很多基础性的知识都是我们要探讨的内容。由于课堂教学中涉及的知识面特别广,所以对学生的学习要求比较高。任教的班级中有一位小胡同学,课堂上她积极参与,几乎每次提问都能看到她高高举起的右手,别人回答不了的问题她也能略知一二;实验课上她表现也很突出,动手能力很强,实验操作总比其他同学熟练很多;探究活动中她思路敏捷,讨论中总能占据主导地位。表现如此突出的一位同学,作为任课老师,我自然是格外地喜欢。在我的心目中,小胡无疑是这些学生中最优秀的一个!好好培养一下说不定将来会成为优秀的科学家呢!

我按部就班地上着我的科学课。每天认真备课,精心制作PPT,尽力准备学生实验,作为一名"副课"老师,我觉得自己肯定是称职的,甚至还觉得是优秀的。但是学期结束了,当期末考试的成绩摆在我面前时,我心目中最优秀的小胡同学考卷上的分数却让我大跌眼镜,甚至有些让我失望!把分数册上那些枯燥的数字与学生的姓名一一对应起来以后,我顿时陷入了迷惘:平时那些闷声不响、课堂上表现不太积极的几位女生却考出了优秀的成绩!为什么会这样?!

(二)彷徨

做老师几年来,各级部门对于科学学科一直是通过期末考试来对学生进行学习评价的,周围的同事也都一直是这样做的,尽管我不知道同事任教的班级中有没有像小胡这样的学生,但也没见到有谁对这样的评价方式提出异议。

静下心来思考,毫无疑问,"一张考卷定终生"的传统学科评价方式太过单一,这显然有些不合理。仅仅根据一次考试成绩就决定学生是否优秀对很多学生而言是很不公平的。教育学和心理学的教材也告诉我们,根据"多元智能"理论,学生在智能方面的表现不是均衡分配的,小胡同学就是一个很好的例子。课堂上学习态度很是积极,知识面很广,动手操作的能力也很突出。但从期末考试的试卷分析可以看出,小胡对于概念掌握得不够扎实,一些专用名称书写有误,说明她可能短时记忆能力较强,但长久的有效记忆有所欠缺;文字表达得欠佳,体现在综述题回答得不到位;数学计算能力也差一些,从考卷中的计算题目正确率不高就可看出。这些都导致她在考试中分数并不理想。很显然,只根据这张考卷上的得分就评价小胡科学学科的学习成绩中等的话绝不合理!可几年来对"副课"的学习评价不都是只要求一次考试吗?周围的同事都是这样做的,我又能怎么办呢?更何况要改变现状可是要付出一番心血的呀!算了,多一事不如少一事,不想它啦!

(三)尝试

就像小胡同学与我有着某种机缘一般,期末结束时我多次在走廊里遇到她。每一次遇见小胡的时候,我的脑海中都会不由地问自己:她真的不是优秀的学生吗?对于摆在面前的问题,我该漠然视之吗?一连串的问题不断地拷问着我。经过一番思想斗争之后,我决定在我任教的班级中对科学学科的评价尝试着进行一些改革。

首先我找来《初中科学课程标准》（以下简称《课程标准》），仔细认真地通读了一遍后发现，《课程标准》中对学生的学习进行了明确的规定："积极探索将学生的学业成绩与成长记录相结合的综合评价方式；重视过程评价，要将评价作为学习活动的一个重要组成部分；建立综合评价体系，评价内容应包括共性基础要求的学科课程学习成绩及相关记录、个性化学习及其相关记录、思想品德表现和社会实践经历的记录以及各类综合的评语。"根据课程标准的要求，我利用寒假的时间初步制订了一套科学学科评价的方案：采用期末考试与平时考查相结合的方法，增加对学生学习过程的考评。我把作业的完成情况、实验操作的技能、参与课堂活动的表现、具体问题的解决能力、与人合作的能力等方面都纳入评定范围，然后参照事先制定的量规，根据学生的表现，给出各考查项目相应的得分，最后汇总期末考试与平时考查的分数，得出一个总的学期综合得分作为学生一学期学习情况的评价。我具体的计划是这样的：

［评价项目及分数分配］

期末测试与平时考查各占50％的分数。期末测试是学生根据学校统一要求参加考试，平时考查则先由老师制订考查的评分标准，再请不同学习能力层次的学生代表共同商讨，综合参考来自不同层面的学生的意见与建议之后，我制订出了考查项目评分要求。

［评价项目说明］

期末考试：根据学校统一要求进行考试，考卷分开卷与闭卷两部分，满分100分，折合成综合得分的50％。

书面作业：学科配套练习册上的作业按5分制批改，汇总每次作业的得分并取平均数，折合成综合得分的20％。

实验操作：根据上海市初中科学学科课程标准的要求，对实验操作技能中的酒精灯的使用、使用量筒量取一定体积的液体、使用温度计测量液体的温度、普通光学显微镜的使用、组装仪器进行过滤共五项技能进行考试，每项满分为2分，共10分。学生自行选择考试时间，可以利用平时实验课的时间，也可以利用课间或其他的休息时间与任课老师或实验员取得联系进行考试。

参与课堂活动：学期结束时采用自评与互评相结合的方式评价学生参与

课堂学习的表现,给予5分制的评价得分。

拓展知识学习:学生自主选择与教材内容相关的知识进行拓展学习,以资料摘抄与自我体会相结合的形式呈现学习报告。根据报告的质量,给予5分制的评分。

主题探究:教材中都安排有探究性学习的内容,如小金鱼适合生活在怎样的水中、高速行驶的电梯中人的失重与超重状态、酒精和香烟浸出液对水蚤心跳的影响、学校食堂午餐的营养分析等。学生从规定的主题中选择其一,利用课余时间在家长的监督与帮助下完成探究性学习,提交探究报告。教师给出10分制的评价分数。

看着自己利用休息时间完成的评价方案,我开心极了,透过电脑屏幕上的文字,我似乎看到了小胡同学拿着自己的成绩单时满是喜悦的脸!新学期我踌躇满志地实施了自己新的学习评价方案。与预期的相同,我明显地感觉到学生的课堂表现产生了令人惊喜的变化:听课时思想开小差的人少了,举手发言的人多了;实验课上袖手旁观的人少了,抢着做实验的人多了;小组合作学习时浑水摸鱼的人少了,积极讨论的人多了。课堂学习氛围比以前浓厚了很多!更多的"小胡"同学不断地涌现了出来,而小胡的表现就更是积极了!新的评价方法实施了一段时间以后,我任教的班级,无论在教学中,还是从学生的学习状态来看,都令人欣喜,所有的教学活动井然有序。期末结束时按照既定的评价原则,我给所有同学都打出了一个综合评定的分数,那些在学习过程中积极参与的同学都得到了满意的分数。自然,小胡得了高分,成了班级中名副其实的优秀学生。看着"小胡"们脸上满意的微笑,我心里美滋滋的。

(四)坚定

第二个学期的教学工作又开始了。但我明显感觉到学生参与课堂学习的情绪没有第一个学期高了,并且一些同学的特殊表现也引起了我的注意。为了能使自己的考查项目得到好的分数,有些同学开始动起了小脑筋。在自评、互评学习中,有些小组成员间"互利互惠",大家都得满分;交给老师的拓展学习和探究学习的报告也出现了相互抄袭、答案雷同的现象。班上的几个同学不断地向我来"告状"。很显然,为了综合评定的分数,有人做出了不诚信的举动。看来都是分数惹的祸!那么,我的评价方案还要继续执行吗?我的心中闪过了放弃的念头,可转念一想:我是老师呀,我究竟要给学生树立怎样的榜样?不行,既然改革已经开始,就不能半途而废,我必须坚定地把改革进行到底!

可怎样才能让学生不造假,引导学生诚信对待评价并积极主动投入到学习当中来呢?我又开始查阅起了资料。在仔细研读了几篇最新的教科研论文之后,我意识到,尽管我采用了多元的评价方法,把学生学习过程中的表现纳入了考核的范围,但是仍以分数为最终的评定结果,这并未从根本上改变评价的评定功能,所以学生还是分数至上,分分计较。而单从分数来看,评价的结果并不能反映出学生学习过程的具体表现情况,学生对自己学习过程中的优势、劣势所在无从知晓,这样的评价就无法真正成为引导学生投入学习的动力与指引学生学习的方向。于是根据论文中介绍的表现性评价方法,我在教学过程中边学习边实践,在保留期末考试、练习作业和实验考试的分数评定的基础上,又对学生运用科学知识与技能解决实际生活问题的能力进行考查,并在学生成长手册中给予了综合性的语言评价。我还给每个学生准备了一个资料袋,把学生课堂上完成的学习单、探究活动中的活动报告、科学实践中的活动照片、科技节中的参赛作品及奖状等放入其中,用"成绩单+教师评语+学生作品+学生总结"的"档案袋"作为一个学期的评定结果呈现。

又到了学期结束的时间了,学生们认真地回顾着自己一个学期的科学学科的学习情况,一一细数自己的点滴收获。同伴间相互中肯地予以评价,这在增进了学生间相互了解的同时,也为同学间相互学习提供了很好的机会。期末考试、练习作业和实验考试的显性分数与学生综合素质测评的描述性评语,再加上学生学习过程中完成的各种作品,经过一年的时间,呈现在我们面前的是一个鲜活的、立体的、真实的人!学年结束时看着自己"档案袋"里厚厚的一沓资料,小胡笑得更加自信了。

静下心来思考自己两年改革实践走过的路,我意识到:在目前整个考试体制没有根本改变的情况下,我所采用的综合评定方法还不能很好地激起学生主动学习科学这门"副课"的热情,但在老师的引导与推动下,在综合评定方法的指引下,毫无疑问我们能将学生推到提高科学素养之路上,尽管大多数学生是被动的,但只要他们有所收获,这就是教育的成功!另外,我还清楚地认识到:实践证明我所制订并实施的学习评价方案还存在不够合理的地方,还需继续调整,使之更加科学合理。提高每一位学生的科学素养是科学学科教育的根本目标,为了达到此目的,教师在教学过程中必须实施合理的学习评价方法。既然已踏上改革之路,我会坚定地走下去!

案例 5

用心陪伴——记陪餐那点事

蓬莱路幼儿园　孙晓晖

4月1日起,由教育部、市场监管总局、国家卫健委发布的第45号文件《学校食品安全与营养健康管理规定》,要求幼儿园应当建立集中用餐陪餐制度。文件中阐述了幼儿园陪餐的目的与重要性。陪餐对于我们来说,可是件新鲜事。特别是当我们走进孩子的餐厅,该说些什么?做些什么?我们觉得有些无从下手。在园长的带领下,领导班子和工会行政人员、保健老师共同研读文件,商议如何落实文件中的精神。其中,第十三条提及中小学、幼儿园应当建立集中用餐陪餐制度,每餐均应当有学校相关负责人与学生共同用餐,做好陪餐记录,及时发现和解决集中用餐过程中存在的问题。于是,在文件精神引领下,《蓬莱路幼儿园幼儿集中用餐(午餐)陪餐制度》诞生了。

一、制度保障下用心陪伴

《蓬莱路幼儿园幼儿集中用餐(午餐)陪餐制度》阐述了谁来陪、陪多久、怎么陪的内容。比如:

(1) 谁来陪——文件中要求,不是所有的人都可以来陪餐,因此,我园经讨论,陪餐人员先主要由园领导班子成员和值日园长组成,再逐步扩大到教师代表和家长代表。

(2) 陪多久——每天幼儿午餐时间,小班、中班为10:50—11:20,大班为11:00—11:20。其实,这段时间中包括陪餐前的巡查。

(3) 陪餐工作的具体要求

① 陪餐人员根据"每周陪餐工作安排表",于每日幼儿午餐前10分钟佩戴胸卡到达指定班级的餐厅,查看食品、餐具和保育员的规范操作等。我们发现,幼儿用餐前的10分钟是个非常关键的环节,通过巡查可以及时了解当天的饭菜情况与保育员操作情况。

② 陪餐人员的座位必须面向全体幼儿,与幼儿共进午餐,餐具和饭菜量与班级幼儿匹配。

③ 陪餐人员重点针对当天饭菜的外观、口味、质量、营养等进行真实评

价,及时做好陪餐记录(记录本存放在各部保健室),并与保健老师保持沟通。

④ 陪餐人员在陪餐过程中注意观察幼儿的进餐情绪、进餐习惯、自理能力以及环境创设等,可以给保健老师、保育员提出合理化的意见和建议。

为了保证陪餐工作的正常开展,制度中要求各部保健老师须每日查看"陪餐记录本",将陪餐的意见和建议进行梳理,大问题及时整改,小问题在两周一次的营养员、保育员培训中进行反馈,并提出改进和优化的措施。同时园领导班子定期召开陪餐工作会议,对陪餐人员(家长)在学校食品安全与营养健康等方面提出的意见和建议及时进行研究反馈。

二、"陪餐五步走"做法中用心陪伴

在陪餐过程中,我们梳理了"陪餐五步走"的做法,那就是看、听、问、思、行。

(1)看——看看午餐时各项准备工作是否充分、午餐内容是否色香味俱佳;看看保育员操作是否规范;看看孩子在用餐时是否满意;孩子用餐时的习惯如何。

(2)听——听听孩子当天用餐后的感觉;听听老师对孩子用餐情况的反馈。

(3)问——对看到与听到的问题仔细询问;征询孩子对午餐菜谱的评价。

(4)思——思考用餐时发生问题的原因;思考如何去调整和改善。

(5)行——解决陪餐时发生的问题(当天发现,当天解决);与保健老师、保育员沟通,不断优化餐谱内容,提升服务意识,调整完善陪餐制度。

下面,就几则陪餐中的小故事,分享我们在陪餐过程中看、听、问、思、行的收获。

◎ 故事1:陪餐老师坐哪里?

孩子们午餐时坐在哪儿、和谁坐在一起都是由孩子们自己决定的,那陪餐老师坐在哪里呢?当我开始陪餐的时候,有的班级保育员会安排我坐在一个比较靠边的角落,那里比较安静;有的将孩子们选剩下的座位留给了我,顺其自然;有的会征求我的意见,听听我的想法……我认为,陪餐坐在哪里不重要,只要能看得到所有孩子进餐就好,经大家协商我们把这条要求写进了陪餐制度。

有一次,陪餐前,我和孩子们聊天,当聊到"陪餐老师坐哪里?"这个话题时,我说:"老师来陪餐,要能看得到每一个小朋友,你们觉得我坐在哪里比较合适？你们能不能帮我挑选一个座位？"，没想到，孩子们的参与度特别高，他们会根据我的要求热情地给出各种意见和建议，于是，我也欣然接受了孩子给我挑选的座位，陪餐的时候也会看到愿意和我坐在一起的孩子。这样的做法在全园推广，每个班级都有了一个"陪餐专座"。

我们都知道要尊重儿童，建立平等的师幼关系。尊重儿童的理念可以体现在一日生活的方方面面，平等的师幼关系也可以渗透于寻常时刻的点点滴滴。如果我们都能俯身倾听一下孩子的想法，征求一下孩子的意见，那么，孩子的发展也许会更加自主。

◎ **故事2：老师，我不想喝汤**

像往常一样，陪餐时，我正和孩子吃一样的饭菜。没吃多久，我便听到了难受的作呕声。我转身一看，是小雅的声音。由于得知小雅平时总是在吃饭的时候出状况，所以，听到这种声音，并不觉得十分奇怪。可是没过多久，我又听见了小雅的声音，看她一副难受的样子，我便询问她是否身体不舒服。她摇摇头，手指着那碗汤说："老师，我不想喝汤。""为什么呢？"我继续发问。"汤里面都是肥肉，很难喝。"听了小雅的控诉，我用勺子舀起汤里的肉，的确，汤里都是带着肉皮的肥肉。我再尝尝汤的味道，这一喝才知道，由于肥肉多，味道又很淡，小雅面对这样的汤难以下咽。

陪餐结束后，我将这个情况与营养员沟通。虽然，营养员充分利用了食材，将瘦肉烧成菜，将肥肉烧在汤里，可是，他却没有思考哪些食材更适合烧汤。我想，保健老师、营养员们除了要对每天的菜肴进行营养分析，还要认真思考，合理搭配，才能烹饪出色香味俱佳、幼儿喜欢的饭菜来。

◎ **故事3：菲菲吃饭不犯愁**

据中三班老师说，菲菲吃饭的时候是她最痛苦的时候。果不其然，这天，当我走进他们班级的餐厅，便看见菲菲愁眉苦脸的模样。班主任刘老师摇摇头，对我说："她每天一吃饭就这样。"于是，我决定今天就坐在她的身边，与她一起用餐。菲菲看到保育员老师盛来的饭菜，一副要哭出来的模样说："老师，饭太多了，我吃不下！"刘老师听到菲菲说的话，马上回应道："我已经给你盛得很少了，你怎么还说多呢？"然后，刘老师凑近我的耳朵说："你看，张老师，菲菲又来了。"我看看刘老师，再看看菲菲，思考了一会儿，对刘老师说："别急，我们换种办法试试。"说完，我朝刘老师挤挤眼睛说："刘老师，帮忙重新盛两碗饭，一碗饭多点，一碗饭少点。"刘老师似乎明白了我的意思，将两碗饭盛好放在桌上。我指着两碗饭,对菲菲说:"菲菲,挑一碗饭,剩下一碗给张老师。"菲菲自然挑了少的那碗饭,我对菲菲说:"张老师的这碗饭比你的多哦,我们一起吃,我吃一口,你吃一口,好吗?"菲菲点头答应了。我见菲菲能够接受了,便对刘老师小声说:"我和她假装比赛,我会稍微吃得慢点,你再多鼓励鼓励她。"刘老师点点头,顺势对全班小朋友说:"看,菲菲和张老师比赛,菲菲的嘴巴张得比张老师的嘴巴还要大。""菲菲吃了两口了,张老师可得加油了!""哟,菲菲马上要吃完了嘛,张老师有些赶不上菲菲了!"……我和钱老师明显察觉到,菲菲在这样的情境中,吃饭的速度快了许多,犯愁的表情也舒展了许多。中午,刘老师欣喜地对我说:"看来,和菲菲一起比赛的方法她能接受,我以后再多想想办法,谢谢孙老师!"

每个班级总有一些特别的幼儿,青年教师往往会对这些孩子束手无措。如果我们在陪餐时能给青年教师一些方法上的引导,并让他们尝到"甜头",我相信,每位孩子都会因此而转变,每位青年教师也一定会快速成长。

◎ 故事4:小班饭菜不一样

"我能陪餐吗?"——这是小班的晨晨老师看到幼儿园工会群中保健老师的一条微信后,主动提出的陪餐申请。问她为什么要参加,晨晨老师说,看到"每日餐点"小圆桌上陈列的一日餐点那么诱人,听到陪餐老师传递的快乐陪餐小故事,她也非常想来加入陪餐队伍。

那天,晨晨老师一大早就站在"每日餐点"小圆桌前,第一次仔仔细细地看着菜谱和每种菜肴的原材料,她小声念着:"栗子、百叶丝、青菜、鸽子汤……哇!这么多食材!"突然,晨晨老师发现:"小班和中、大班饭菜不一样哎,小班吃的是栗子烧小肉,中、大班吃的是栗子烧肉。"这样的发现让正在带小班的晨晨老师心中荡漾起一阵暖流。晨晨老师陪餐后,开心地说:"原来孩子们的饭菜那么好吃,营养员真心不容易。"

以前,青年教师吃着教工饭菜,对孩子的饭菜并没有多大感触,只有当他们有机会了解、品尝孩子们的饭菜,才会主动关注孩子们的膳食。陪餐的过程可以激发青年教师关注幼儿营养膳食均衡的意识,帮助教师树立"以幼儿为本"的服务理念。

三、用心陪伴,体现教育价值

一个阶段的陪餐让我们发现,陪餐不仅仅是简单进餐时的陪伴!在陪餐中,我们受到了更多的启发,更发现了其中蕴含着的教育意义。

对于孩子来说——平等、尊重、接纳、欣赏是他们喜欢的方式,我们应努力顺应他们。

对于老师来说——应给予孩子更多关注,帮助孩子形成习惯,鼓励孩子提高能力。

对于保健、营养员来说——餐点安全需保证,餐点搭配需优化,烹饪技能需提升。

对于保育员老师来说——规范操作需重视,支持孩子需放手,个别孩子需关爱。

通过陪餐,我们也能感受到一些变化,如:从不知如何去做到后来喜欢去陪餐,乐于分享陪餐的快乐;孩子们期盼每天与陪餐老师共进午餐,并且喜欢吃幼儿园的饭菜;青年教师把孩子好好吃顿饭当作一件非常重要的事来看待;保健老师和营养员会经常与我们探讨如何烹饪孩子们喜欢吃的饭菜……

因为用心陪伴,我们看到了孩子自理能力的提高,教师指导能力的提升,保育员服务意识的增强。因为我们的用心陪伴,陪餐那点事变得更有趣、更安全、更有意义!

案例 6

线上设问　线下求解

——督导网上问卷设计及其结果运用的改进与优化

上海市清华中学　唐纯平

网上问卷调研,因其相对稳定、安全和操作的便捷性,已成为教育督导过程中主要的采信手段,其结果也越来越多地成为督导评价的参考和学校改进工作的依据。总结我区近十年督导网上问卷调研的实践历程,我们在新一轮学校综合督导过程中充分发挥信息技术的优势,依照"线上设问,线下求解"的操作思路,重点优化督导网上问卷调查的结果呈现、反馈两个核心环节,在问卷设计、问卷分析、结果呈现以及问题成因追踪和问题改进持续跟进等方面进行了针对性的完善、改进与优化。

一、发挥线上优势,丰富调研问卷类型和内容设计

督导问卷调研的优势在于实证性,其结果也具有"高利害"性。因此,在问卷类型的细分和内容的选择上更要强调其针对性、适切性和科学性。为此,我们进行了以下两方面的完善与改进。

1. 细分调研对象,增设调研问卷类型

为提高督导网上问卷调研的信度和效度,我们借鉴"学业质量绿色指标评价"的问卷调研经验,在原有"学生问卷、教师问卷、家长问卷"的基础上,增设了"社区问卷"。为增强问卷的针对性,对这四大类型再次进行了细分。如对于"学生问卷",根据学段和调研对象的不同,又分别编制了小学、初中、高中(职校)和特教等四份问卷;针对以往"教师问卷"对象过于宽泛的情况,我们又把校级领导和后勤辅助人员单列出来,分设"校级领导卷"和"后勤及教育辅助人员卷"。问卷类型的增加,看似烦琐,但由于采用的是线上组卷方式,因此在调研实施过程中并没有增加调研行为本身的操作难度与调研对象答题的困难。相反,借助信息技术、数字化处理方面的优势,我们能获取更具针对性和真实性的信息。

2. 基于调研目的,优选调研问卷内容

为对接"绿色指标"和"行动要求",我们在本轮综合督导过程中,对问卷内容也进行了针对性的优选。如在"学生问卷"的设计和编排上,主要聚焦学生发展成就及其支持系统,重点从学习生活感受(学业负担、人际关系、学校认同度与校园生活幸福感、教育教学、社会实践活动等教育资源支持)、学习成就表现(学业成绩与能力、品行修养、身心发展等)、学生发展支持(课程教学评价、社会实践平台、学习生活环境)等维度设问;"教师问卷"的设问主要集中于教师的教育质量观与职业认同、教育教学行为与水平、专业发展状态与支持、学校管理与文化建设等。

二、借力信息技术,优化调研结果的呈现方式和载体

针对督学们提出的问卷调研结果呈现形式的要求和建议,我们在分析其必要性和可行性的基础上,借力信息技术,不断优化调研结果的呈现方式和媒介载体,力求使问卷调研结果的呈现达到"形象、直观、便捷、多样"的个性化要求。譬如,在问卷调研对象的概述和单个问题结果的呈现上,我们做了三个方面的优化:一是优化综述性问题的呈现方式,将描述性文

字转化为直观的图示呈现;二是优化问卷结果的呈现方式,将数字表格转化为直观的图表展示;三是优化问卷结果的呈现材质,将以往由督导部门提供纸质反馈稿改为各督导成员(或学校)根据权限分级自主上网查阅,且各督导成员能根据需求和喜好点选不同的图示化呈现方式。

三、呼应多方需求,改进调研结果的反馈形式和层级

1. 适时反馈调研结果

"适时"是一个相对的时间概念,"适时"与否,还依对象而定,因而,这里讲的及时反馈调研结果,就意味着要在合适的时间、空间把信息递送至合适的对象(如参与督导的督学、被督导的学校和教育主管部门等)。现在我们一般会在学校实地督导前完成网上问卷调研和数据分析工作,并把结果反馈给各位督学。在实地督导结束的反馈交流环节,把问卷结果作为评估实证信息反馈给学校;在督导后的跟踪指导环节,基于问卷调研数据分析原因,并撰写正式的问卷调研报告,将其提供给学校和教育主管部门。

2. 分级分享调研结果

所谓分级分享,就是分权限分享问卷结果信息。对于学校,在实地督导后,其有权自主查阅本校所有问卷调研的结果(具体数据和图表图示),还可要求督导部门为其提供同一学段问卷调研结果的汇总信息(不提供某单个学校的数据),以供参考和对照;对于参与某学校督导的专家,其查阅权限和分享的内容与学校等同,只是在时间上享有更大的灵活度,即在实地督导前就可以自主调阅;对于上级主管部门,在一轮督导工作全部结束后,可以查阅督导部门撰写的学校、学段问卷调研分析报告。

四、线下多方互动,强化问卷调研结果的分析与跟进

除用作评判的参考依据外,网上问卷线下的核心环节是在对线上调研所反映出的问题进行真实性求证的基础上,对问题产生的原因做深度分析,并就学校针对问题所做的改进,进行持续的跟踪和指导。这一环节始终依靠督导双方线下的对话交流和协作互动。

1. 基于调研结果的数据信息:求证"问题"

由于多种原因,问卷调研可能存在一定的信度问题,不能作为单一的参考依据,其反映问题的真实性尚需通过其他采信方式证实,需辅之以访(座)谈、现场观察、查阅资料等方式。如某校督导问卷中,反映出"体罚"和

"有偿家教"等问题,因为涉及"高厉害",督学们使用其他信息采集方式进行补证和互证,经综合分析得出这一问题确实存在的结论,还找到了产生该问题的原因。

2. 针对调研结果和其他信息:诊断"问题"

求证问题真实性的过程,也是分析问题产生原因、找寻解决之道的过程。如针对上述某校"家访效果"认可度不高的问题,督导组相关督学及时访谈学校分管领导,并与教师、学生就家访的次数、方式、内容等进行座谈交流,查阅涉及所有年级的家访记录资料,发现教师家访次数的确达到了校方规定,但校方没有就效果做具体要求,也没有回访、评估教师的家访效果;学生访谈、查阅资料等反映出,教师家访时间多集中在学生在校出了偶发事件时或在学校检查教师家访情况的截止期前;教师反映因平时工作繁忙,一般采用电话家访的方式,且关于如何有效家访还需校方加强专业性的指导和培训。

综上所述,以线上问卷调研所反映出来的结果为引线,通过线下的督导和学校的对话互动,可以发现"真问题"、诊断"真原因"。这一方面体现了问卷调研的价值,另一方面也为其结果的运用,即问题的改进和促进学校相关工作的提升创造了条件。

3. 根据调研结果及其分析:求解"问题"

求解"问题",对于督导部门来说,就是在"问题"诊断的基础上,跟进"问题",改进"问题",检验效果。在这一过程中,督导部门要坚持督与导相结合的原则,选派督学就问卷调研所反映出来的"问题"及其原因与学校互动交流,在达成共识的基础上,一起寻找解决之道,从而真正体现问卷结果促进学校进一步改进与提升的作用。

为了把求解"问题"落到实处,结合责任区挂牌督导制度,责任督学带着督导问卷反映的"问题",指导学校改进工作。这一线下的跟进举措,在人员、时间、制度上为有效跟踪"问题"改进的进程提供了保证。

为了检验学校针对"问题"改进的效果,我们会再次采用线上、线下有机结合的方式,利用网上问卷调研平台对相关问题进行"再调研"。这种调研可以采用学校自评检验的方式,也可作为督导部门跟进督导评估效能的一个环节来进行。

督导网上问卷调研,不仅仅是一种调研方式,也是一种线上科学设计、线下针对性求解有机结合的工作方式。从督导功能定位和效能发挥来看,线上问卷调研是前提和基础,线下对问卷结果的求证、求解和改进是关键,也是难点。我们的探索为破解这一难点提供了一种思路,还需要在实践中进一步学习、研究和不断完善。

3. 从跨界学习中来

干训部培训的对象是中小学中层干部和校级干部,很多学校干部都具有丰富的教育教学经验,可以说是学校里教学和管理的行家。但是学校干部从学校到学校,干部培训从教育到教育,很少涉及其他领域和行业,可以说是在象牙塔里办教育、搞培训。而进入新世纪,随着信息技术和互联网的快速发展,大数据人工智能的出现,正在引发人们在思维、行为上的巨大变革,而作为社会重要组成的学校绝不可能躲避变革的浪潮,因为学校的主体——学生是朝气蓬勃的一代,他们是社会发展的新兴力量,最容易接受新思想、新技术和新资源。如果学校管理者和教师不能跟随社会发展的脚步,势必会发生对学生的思想和行为不了解和不理解,甚至不谅解的情况,在教育行为上不能做出有效的变化和应对,从而影响学校教育教学的质量,最终势必会对学生的学习和身心发展产生极其不良的影响。因此学校干部不仅要更新学校教育教学的理念和行为,更应该走出教育,跨界学习。

什么是跨界学习?顾名思义,跨界学习就是跨越边界学习。我们根据当前热点,在培训中设立了信息素养、科学素养和人文素养的短期培训班,用任务驱动并带领学校干部跨行业、跨领域、跨文化,通过现代企业参访、一系列跨越边界的动手体验活动,学校干部打开了视野,激发了灵感与热情,探索出创新性的问题解决方案。正如曹光彪小学的盛翼华老师在培训感受中写的:"本次培训中除了几场跟教育科研相关的讲座外,还穿插了一些很有趣的内容,例如请著名学者江晓原教授谈科学,请著名摄影师教大家学习手机摄影及修图的技巧等。我很喜欢这样的跨界培训,不同的领域让我在开阔眼界的同时,学习用发展的眼光看世界,学习用辩证的思维看教育,学习用新的技能教学生。我觉得将跨界思维融入教育教学,可以让自己用更加多元的视角省视教育科研,从而激发创意,在研究过程发挥出最大的主动性。"

案例 7

以跨界学习提升教师的科学与人文素养

卢湾中学　何　莉

随着教育部《关于全面深化课程改革 落实立德树人根本任务的意见》的颁发和实施,"核心素养"成为深化课程改革的新航标,这标志着以知识为中心的学科教学正转向以核心素养为核心的学科育人。新课程改革要求改变过于注重知识传授的倾向,形成积极主动的学习态度;改变课程结构过于单一、学科体系相对封闭的现状,要设置综合课程;改变课程内容难、繁、偏、旧的现状,加强与实际生活及现代社会和科技的联系。这些改变与创新给教师带来了巨大的挑战。站在教育综合改革的高度审视,教师能否"跨界"是一个具有时代价值的哲学命题,也是中小学教师专业发展亟待解决的现实问题。互联网时代,学科教师只有摒弃传统眼光,打破狭隘的学科壁垒,实现跨界学习,增强自己的科学和人文素养,才能在移动互联网时代立于不败之地。

一、学会跨界学习

"跨界"被定义为"实践者必须在界限之间流动,来寻找或给予说明,来寻找讯息和工具",也意味着进入不熟悉的领域,是一种创造性的努力,需要新的概念资源。有研究者认为,跨界探讨的范畴非常广义,可以是跨行业、跨领域、跨文化甚至是跨时空。因此,通过一系列有目的、有针对性的跨界交叉活动,能在思想、观念和文化的交汇点上产生新的火花,爆发新的灵感,获得意想不到的学习收获。更进一步说,跨界学习是一种学习思路,一种新型学习模式,根据学习主题,跨越自己日常工作的边界,向外界学习,寻求多元素交叉并整合学习资源,最终完成多种学科知识的融合,达到最佳学习效果。

"跨界学习"就是跨越边界的学习。跨界学习要求人们跨越自己日常工作的边界,向外界学习并寻求多元素交叉的学习方式。在这一过程中,多种因素穿梭于时间和空间之中,融合在一起,互相补充、互相联系、互相影响,最终产生奇思妙想的闪耀效果。随着技术的发展和社会的推进,万事万物讲究外延和对接,嫁接后产生出更独特的效果,这正是人类探索的美妙所在。跨界学习也是一种学习思路,根据学习主题,整合学习资源,采用多种学习方式,最终达到学习效果。教师的学习过程不应该局限于自己学科和专业的界限之中,跨界学习可以帮助教师在知识素养以及人格结构等方面更加完善而立体。

二、跨界教师学习共同体

"跨界教师学习共同体"是教师跨界学习的新载体,其创新机制和知识共享模式,为教师突破专业束缚,打破固有思维,拓宽知识结构,提升内在素养,创新课程改革提供了无限的可能。

跨界教师学习共同体中的伙伴关系被定义为一种"跨界安排"。作为"第三空间"的伙伴关系,成员之间形成"多重联系",并以"跨界"的互动为主要活动类型。正是通过不同话语和实践背景的成员之间的互动、协商,一线教师与技术人员、专家学者、行政领导可以发展出"跨越边界的能力"。这一能力的提升类似于"扩展性的学习",或是"横向专业技能"的养成。研究者马丁认为,"第三空间"是通过"离散的、社会的互动"构建而成的,其特点在于以"both/also"而非"either/or"的视角来看待不同的立场或观点。"第三空间"这一概念指的是"反对诸如实践者与研究者的知识、理论和实践的二元论,并以新的方式来理解被认为是相互竞争的话语之间的融合";因此,作为"第三空间"的伙伴关系,成员之间应形成多重联系,并以跨界的互动为主要活动类型。对话、多元、理解是跨界学习共同体的突出特征,在跨界教师学习共同体中,跨界者既包括各科教师,也包括学校管理人员、外聘专家、大学教授、家长智囊团成员等。

跨界学习共同体的理论基础主要有三个:

1. 美第奇效应

"美第奇效应"源于意大利,指该地文艺复兴时期突发的创造活动。创造者认为,当人踏入不同文化或领域时,各种观念、文化、知识领域之间会产生撞击,这种碰撞能整合成不同的特质,从而使人产生新的构想。因此,通过一系列有目的、有针对性的跨界交叉活动,能在思想、观念和文化的交汇点上产生新的火花,爆发新的灵感,将获得意想不到的学习收获。对我校而言,这一系列有目的、有针对性的跨界交叉活动即在无边界思维坊里展开。各科教师、各类成员在无边界思维坊里碰撞思维,催生知识创想,形成一个真正意义上的教师学习共同体。

2. "乔哈里视窗"理论

"乔哈里视窗"理论将人际沟通的信息比作一个窗子,它被分为4个区域:

开放区、隐藏区、盲区、未知区(如图1所示)。隐藏区是自己知道而别人却不知道的秘密区域。在未知区,有自己和别人都不知道的信息。真正而有效的沟通,是在开放区内进行的,因为在这个区域,双方交流的信息可以实现共享,因而沟通的效果会令双方满意。为了获得理想的沟通效果,不断扩大自己的开放区,增强信息的真实度、透明度,在沟通的策略上,可以在隐藏区内选择一个能够为沟通双方都容易接受的点来进行交流,这个点叫"策略信息开放点"。策略信息开放点会引导双方慢慢向开放区延伸,从而实现开放区被逐渐放大。教师之间的跨界学习也是这四个区域有机融合的过程。

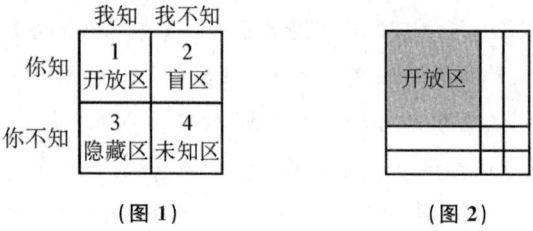

(图1)　　　　　　(图2)

跨界教师学习共同体可以促使教师们进入公共区域,在正视自己知识盲区的基础上,倾听其他学科教师的意见经验,扩大开放区(如图2所示)。

3. 知识管理理论

知识管理,按照德尔福集团创始人之一卡尔·弗拉保罗的说法,就是"运用集体的智慧提高应变和创新能力"。我们把知识管理这一理念引入教师专业共同体的建设模式中,在知识管理与教师适应性专长发展间建立动态联系,不断发展"知识存量+知识流通+知识创新=知识管理"的模式,构建教育"知识仓库",进行系统化的组织、管理、存储和控制,动态积累校本教学实践知识,及时获取教师个体与群体内部的各种信息,为知识管理提供技术支撑,实现隐性知识的显性化。组建"知识联盟",充分利用校外资源,整合组织与外部环境及社会群体互动而形成知识联盟。孵化"知识创想",通过教师间的知识分享,智慧碰撞,为教师寻找合适的主题,确定可行的执行计划,使学习共同体中的每一位成员成为更好的自己。

三、教师跨界学习的组织架构

跨界教师学习共同体的形式可以是多样化的,但主要有四种:第一,跨年龄、跨学段。其主要的表现形式是通过不同年龄、不同学段教师的碰撞,教师的缄默知识得到外化,经验得到共享,从而获得成长。第二,跨时空。随着互联网技术的发展,以网络平台为载体的在线教师学习共同体的建构和运用已成为国内外的一个主流趋势。典型的如教师博客群、微信群、教学反思论坛和教师研修网等平台。无时不在的网络使教师跨越时空的学习和交流更加便捷和高效。第三,跨学科。打破学科之间的壁垒,组织跨越学科差异的交流研讨,增进各学科之间的交流与合作,为教师突破自身专业界限,丰富知识储备提供服务。第四,跨领域。指学校和社会其他领域的跨界。邀请社会各界精英与学校的老师进行跨界的学习探讨,使教师除了自己的专业之外,开阔自己的视野,丰富自己的知识。

与商界和设计界的跨界实践相比,教师跨界学习的实践研究尚处于起步阶段,尝试少、案例少、思考少,还存在很大的研究空间。特别是在基础教育领域,虽然也有一些尝试和探讨,但是没有深入,也少有形成案例,更缺少对教师跨界学习的实践研究。我校积极探索跨界教师学习共同体的组织架构,形成了跨越学科边界的"无边界思维坊"、跨越时空边界的"酷课·创学中心组"、跨越领域边界的"科学创智 home"以及跨越学段、跨年龄边界的"1+3+N 工作室"四大跨界教师学习共同体。这些形式多样的跨界教师学习群体,对于促进教师团队创新,加快实现知识共享,推动教师适应性专长的发展,起到了良好的引领和示范作用。

1. "无边界思维坊":为跨界融合提供平台

"无边界思维坊"成立于 2013 年,由二十多位各学科骨干教师组成,涵盖了学校所有学科。它是一个研究跨界教学的创新团队,是一个集聚了多个学科教师的学习共同体。他们打破学科的横向壁垒,打破年级学段的纵向屏障,开展无边界教研活动。"无边界思维坊"的成员每周会有一次聚会,大家带着自己的问题和想法一起探讨、一起思考,通过交叉融通、整合教材,优势互补,协作开发,开创了多门"无边界课程",带给学生多角度、多视角的全新课程体验。"无边界思维坊"不仅是坊内教师之间的学习交流,还聘请了社会各界精英人士、教授学者来校授课,以此开阔教师的视野,增进教师的知识。

2. "酷课·创学中心组":让学习变得无处不在

"酷课·创学中心组"由学校里信息技术较好的骨干教师组成,他们跨越时空的边界,开启了对微视频互动教学平台的实践研究,推进了教师学习,实现了混合式交互环境下线上线下的学习互动。借助微博、微信等平台,为教师提供更完善的教学服务和管理服务,使教师的教与学不再受地域、时间的限制。我们采用了行动研究法和个案研究法,既整体设计、多点切入,又聚焦个案、跟踪调试,形成了一条校本化的变革之路。教师在共同体中互相学习、互相碰撞,在思维的火花中找寻灵感,在突破时空的实践中逐渐成长。

3. "科学创智home":让优质资源垂直贯通

该团队以理科教师及科技辅导教师为主,其他教师为辅,主要负责开发科学类校本课程,整合初中阶段理科实验,指导学生参加科技类竞赛,等。自成立以来,团队已合作完成了《卢湾中学理科小实验》《算法程序设计》《航模制作》《走进头奥》《趣味实验DIY》《航模操纵体验》等科学类校本教材的编写,进一步凸显了学校的科学教育办学特色。学校还为教师牵线搭桥,提供校外资源,推动了"科学创智home"活动的有序开展。与此同时,更与上海市科协、科学社和区青少年活动中心等专业团队合作,与同济大学、交通大学等院校的教授、专家"结对",帮助学校教师提升了科技辅导水平。

4. "1+3+N工作室":为经验插上创新的翅膀

为了打破成熟教师没有创新,年轻教师缺乏经验这一现象,学校成立了"1+3+N"的知识共享团队,构建了由一个专家、三名骨干教师、N名青年教师组成的"经验+创新"的学习共同体。重点遴选三名教学经验丰富的骨干教师及一批有创新意识的青年教师,让他们在老专家的引领下开发教学资源,推进教学研究。老、中、青相结合,实现了年龄结构互补、经验互补、知识互补、思维互补,促进了教学上的传、帮、带,帮助青年教师尽快走出困惑期、度过磨合期,同时,因为青年教师的参与,团队也注入了创新活力。

社会的转型与发展呼唤教育的转型优化,而教育的转型必然催生新的教研组织形态。跨界教师学习共同体是一种有生命的学习系统,是教师二度生长的新阶梯,是促进教师专长发展的新视角和新途径。教师要树立起终身学习意识,更新教育观念,跟上新课程改革的步伐,提高自身的科学与人文素养。

第三节 任务驱动实施技术

一、确定任务,精确规划

在任务驱动式培训模式中,任务设计的质量直接决定着干部培训过程的效率与培训效果。干训部在确定培训目标后,开展调研,充分挖掘区、市优秀课程和人力资源,制订了全方位、多层次、立体式的培训方案,建立了"训前需求调研、精确规划,训中科学管理、有序实施,训后及时反馈、形成长效"的培训机制。同时,由于要求明确,具有时效性,故对于培训目标和培训时间都应该精心设计。在"十三五"干训之初,我们干训部首次开设专题短训班,短训班和常规班并举开展学校干部培训,创新并丰富了多元化的干部培训模式。

2016 年下半年"十三五"学校干部"课程领导力"专题短训班和"十三五"学校干部"信息素养"专题短训班率先开班。"课程领导力"专题短训班依托我区优质资源,与我院课程研究中心合办,培训对象为学校分管这一领域的中层干部和校级干部,课程内容包括核心聚焦、分组策划、走进现场、专题研修、深度会谈、展示分享共六个模块。"信息素养"专题短训班是干训部和上海交通大学海外教育学院合作办班,以购买服务的形式将高校最新的优质资源移植到普教干部培训中,培训对象为学校校级干部,依托高校培训资源,我们把培训中跨界参访作为任务驱动的抓手,精心选择有代表性、有热点的社会企业做任务,使学校干部能开阔眼界,打开思维,迅速融入社会大发展的洪流之中。

在"课程领导力""信息素养"专题短训班成功举办的基础上,干训部又开办了"人文素养""科技素养""智慧管理"等系列专题短训班。任务驱动式培训的目的不仅仅是让学员们得到一个"成果",更重要的是帮助他们在培训过程中不断了解日新月异的社会趋势和潮流,不断掌握学校管理者的领导能力、策划能力、理解能力。这让我们看到了学校干部的思想在不断深化,内在成长动机在任务中得到了生发。

案例 8

上海交大海外教育学院、黄浦区教育学院信息化素养项目规划

2016年,正值我国第十三个五年计划的开局之年,《中共中央关于制定国民经济和社会发展第十三个五年规划的建议》中提出,要"以提高教育质量"为主题,提出了覆盖各类教育的发展目标和任务。未来五年,应坚持把提高质量作为教育改革发展的核心任务,牢固树立以提高质量为核心的教育发展观,为如期建成小康社会提供可靠的人力资源支持。

教育是国计,更是民生,提高教育质量,意义重大。对于基础教育工作者而言,这更意味着在掌握学科专业知识的前提下,还必须紧密地将工作与实践相结合,以开放的胸怀和跨界的思维,融入社会日新月异的变革之中,主动学习、了解趋势,把握潮流,由知识的传播者转变为趋势的引路人,使学生与时代同行。

上海交通大学海外教育学院作为上海交通大学所属的高层次、专业型、实战性、国际化学历后教育机构,依托上海交通大学深厚的学科建设与优质的师资队伍,综合行业专业领域的独到资源,本着"充分沟通、深入调研、专业设计、精心组织、精细服务、完善提高"的精神为黄浦区教育学院干训部提供教育信息技术短期研修课程,提升黄浦区中小学在职干部的教育信息技术能力。

近年来,随着全球互联网时代的大幕徐徐拉开,高新技术正悄然改变着人们的生活,大数据、互联网、移动技术等无不在影响着工作与生活的方方面面。时代需要我们的教育工作者走出课堂,了解社会现代化的发展程度,将前沿科技与理念带回课堂。希望教育工作者能够将信息科技的社会变革趋势紧密掌握,继而激发学生的创新精神和实践能力,并将此作为重点任务贯彻到国民教育的全过程,为国家人力资源战略提供坚实的人才培养服务。

课程时间安排表

序号	日期	上课时间	课程名称	讲师
1	2016年10月25日	上午	互联网时代的思维与未来	刘老师
2		下午	社会化媒体营销	唐老师

续表

序号	日期	上课时间	课程名称	讲师
3	2016年11月9日	上午	新硬件时代	谷老师
4		下午	携程企业参访（现场教学）	刘老师
5	2016年11月22日	上午	大数据的分析和应用	朱老师
6		下午	摩拜单车企业参访（现场教学）	刘老师
7	2016年12月6日	上午	领导力沙盘模拟盗梦空间——有效领导下属	杨老师
8		下午		

二、针对任务，有效实施

任务驱动培训模式通过"任务"来诱发学校干部的培训动机，完成动机需要干训部加强和维持。任务作为学习的桥梁，驱动并且有效实施就成为干训部的重要工作目标。干训部广泛集合优质资源，优中选优确定培训主题和主讲人，为完成各项任务打下了坚实的基础。

干训部在学校干部"信息素养"短训班有效实施了"企业实地参访"的任务驱动培训，在学校干部"课程领导力"短训班实施了"学校课程设计"的任务驱动培训，还在学校德育教导主任班和总务主任班实施了"撰写学校德育和总务工作案例"的任务驱动培训，都获得了较好的培训效果。

"信息素养"短训班学员参访了携程公司上海总部和摩拜公司，在携程公司上海总部的参观中，学校干部走进了企业，参观了携程新办公大楼的内部办公环境、实时数据监控中心，体验到高科技、大数据给工作带来的便捷和高效，有了全新的认识。

培训班还参访了摩拜单车公司，2016年下半年，作为新生事物，社会舆论空前聚焦摩拜单车，培训班的学员们饶有兴趣地参观了摩拜单车公司的日常运营场所，边参观边发问，在学习交流中走近了这辆神奇的"mobike"，其以"骑行改变一个城市"为时尚环保口号，以无桩、智能、共享为重大行业突破，具备安全和免维护这两项革命性优势。通过上海大区姚呈武总经理的介绍，学员们了解到目前已拥有近10万单车日常使用量的摩拜单车公司通过短短半年的运营，已经一跃成为全球首个通过移动互联技术连接智能手机和自行车，并让用户以能够负担得起的价格随时随地使用单车的新型公司。在交流互动环节,学员们连连发问,好奇、探索的思想得到了碰撞,有的表示自己是首批摩拜单车的忠实用户,十分崇尚摩拜低碳出行的环保理念,有的对于摩拜的GPS全球定位系统表现出了极大的兴趣,有的则对于摩拜运营至今所遇到的困扰和不利因素提出了建议。当市南中学的田欣校长问及创新型公司希望学校培养出什么样的人才时,姚总颇有感悟地表示,目前公司运营整个上海地区接近10万辆摩拜单车,员工总人数也仅有七八十人,对于人才而言,创新是一种非常重要的素养,而同时更需要诚信、主动、勤奋等优秀品质,能够关注到政府的痛点,更需要具有造福大众、保护环境、方便社会的精神。这次摩拜单车参访之行在众多校长们若有所思和欢快思辨的气氛中结束了,信息素养的学习维度又一次在体验和交流中得到了拓宽和延伸!

表2-1 "十三五"黄浦区教育学院干训部跨界学习一览表

序号	班级	学习项目
1	"信息素养"短训班	携程公司上海总部
2	"信息素养"短训班	摩拜单车公司
3	"科技素养"短训班	农业科技园
4	"人文素养"短训班	浦东张江万和昊美艺术酒店
5	青年干部管理班	科大讯飞上海总部
6	科研主任班	上海交大中意绿色能源实验室
7	"智慧管理"短训班	深兰科技

"课程领导力"专题短训班的学习中,除了聘请市、区课程专家进行讲座之外,还深入学校调研,多次分组进行头脑风暴式的研讨,由教育学院课程研究中心全程参与指导。学员们把自己学校近期课程建设初探的情况向大家进行了分享,围绕"学校课程领导力基础性测评检核表"畅谈了各自对该层面工作的思考与实践,我院课程中心相关老师在听取了大家对于提升课程领导力的想法、做法及困惑后,关注到各学校在平时的课程建设中比较容易疏忽的方面,提出了针对性的建议,为下阶段的学习和学校课程建设起到了非常好的引领作用,让大家受益匪浅。

"十三五"学校德育教导主任班也把撰写案例作为培训任务,主题是反映学校特色的德育活动。学校每年会有很多的德育活动,德育教导主任承担着活动策划组织的责任,很多时候为活动而活动,很少考虑活动中学生到底收获多少。通过培训任务,大家从忙碌的工作中静下心来,活动开展后把活动中的收获和反思记录下来,重新回顾、审视德育活动的价值和意义所在,这对学校德育工作者和德育工作都有着非凡作用和意义。

案例9

"挑战自我'六一'大派对——家校协同课程育人案例"中的收获和反思

北京东路小学　马九梅

当天的活动结束了,但活动之后到底会给孩子们留下什么呢?整个活动中,我们的孩子又获得了什么呢?由此,我特将整个活动做了一个视频,在班中开展了一次十分钟队会——团队的合作。队会中,我让孩子们重温了整个活动,大家看到表格中各小队的奖牌数,谈及活动中的得失,各抒己见,客观地评价了自己那天的表现。有的同学觉得自己的团队意识还不够,没有和大家配合好,所以使得游戏失败;有的表示因为自己好表现,没有给其他组员表现的机会;也有同学称赞自己的组员配合默契,因此获得胜利;更有同学谈到,活动中,在感受到快乐的同时,也感受到团队之间的友爱之情……虽然只有短短的十分钟,但我可喜地看到了孩子们的成长,在活动中他们懂得了团队合作的重要性,在活动中他们学会了关爱他人,宽容待人,在活动中他们彼此间增进了友情。

这样的活动,让我们的家长也深受感动,纷纷在微信群中留下了感言:

在马老师的精心安排下,我们有幸参与了二(1)班举行的"挑战自我'六一'大派对"活动。这次活动不仅仅是孩子们的活动,更是为我们家长与孩子建立互信、进行互动的一次活动。

活动中,我们跟孩子们一起撕名牌,做仰卧起坐,感受到孩子们健康活泼、互助互爱、勇敢挑战的一面,也感受到了亲子之情。孩子回家后保留了我们一家人的名牌,还时不时地拿出来要我们再陪她玩一次呢!可见,孩子多想保留这次活动的快乐呀！希望以后还有机会参加这样的活动！

——二(1)班　包朵兰家长

"六一"是孩子们的节日，他们用丰富的节目庆祝着节日。这种快乐感染了每个人，让我们成年人仿佛也回到了童年那无忧无虑的时光。我儿子有幸参与了两个节目，原本不够自信的他在台上像换了一个人，此后不管在学习还是生活中他都变得充满自信，遇到挫折不气馁。

这个"六一"可能也改变了一些其他曾经不够自信的孩子们，也许这也是这个"六一"的意义所在，希望孩子们都能更优秀！

——二(1)班　张天宇家长

在老师的精心组织下，我参与了多个小组活动。在活动中，我看到了孩子们天真无邪的笑脸，快乐地、尽情地欢唱，我整个人不由自主地回到了我的少年时代。我似乎一下子年轻了许多，工作压力也减轻了许多。活动时间虽然短暂，但我体验到了校园以外的文化氛围，活动也增进了孩子们的交流与了解，加强了老师与家长间的沟通，构建了家长之间的联系基础，也培养了团队间的凝聚力。

我真的很高兴参加了二(1)班的集体活动，而且期待下一次活动的到来，相信我们可以成为和谐、温暖、优秀的大家庭。

——二(1)班　史睿扬家长

当然，我们的孩子更是活动的主角，他们更有发言权：

活动结束了，我们小队获得的奖牌最多，大家都很高兴。活动中，我们听从组长的安排，分工明确，互相帮助。我想，团队的合作是最重要的。

——二(1)班　顾佳杰

感谢老师给我们举办这次活动，我们感到无比开心，从中我们也懂得了许多道理。在每个活动中，虽然我们总是失败，但我们没有灰心，还是尽力完成各项任务，我们觉得只要坚持了，就是胜利了。

——二(1)班　王佳怡

每次想到这个"六一"，我们就很高兴，因为我们和爸爸妈妈，和同学，和老师一起开展了有趣的集体活动。这个活动内容很多，一个接着一个项目，大家在比赛中更加团结了，我们期待下一次的活动。

——二(1)班　蔡宇萱

看了他们的感言，我又回顾着活动前前后后的每个环节，真的非常感谢我班的家长,感谢他们的支持。家校协同,只要我们老师能走进家长孩子的心里,为他们所想,那我们就能有一支强大的齐心的家长志愿团,共同关爱孩子的成长。

【成效与展望】

作为学校课程的管理者,心头涌动的一定是那一份浓浓的教育情怀,这种自主创造的"亲子课程",不正是学校所追寻的课程价值吗?

回首这次难忘的课程实施经历,着实留下了浓墨与重彩,家长们传递给学校管理者的正是我们坚定追寻的"课程统整"的大课程愿景。亲子课程在实施过程中,回应了我们的初心:服务于"乐学、能干、创新"的学生培养目标;适时地将学校的三类课程有机整合。

课程在实施中无缝地帮助学生建立了学科联系,将学科学习的间接经验与生活的直接经验有机结合,予以学生个性的展现。

乐享着课程资源站带给学校课程文化品质提升的甜蜜,未来,我们依然会"仰望星空",我们依然借力具有专业经验的家长,在明确课程整合的实施路径、学生学习路径后,再次启程,激发教师以及家长的联想与创意,将各种零散的资源等整合融会贯通成为一个完整的课程。

我们一如既往地憧憬家校协同式的课程资源研究,以此完善"乐园"课程,完美孩子的每一天。

在"十三五"学校总务主任班的培训任务中,有一项对培训学员来说比较艰巨而又特殊的任务,那就是完成一篇"学校总务工作案例"。说艰巨,是因为学校总务主任大多是实干型干部,对写东西有着天然的抗拒;说特殊,是因为在前几轮的总务主任班培训中都没有安排这项作业。总务主任班在办班计划设定时,对这项任务也经过了几番思考。一方面,考虑随着社会的发展和技术的进步,学校总务工作已经发生了很大的变化,学校总务发挥着重要作用,总结和反思学校总务工作经验很有必要。另一方面,需聘请有关的专家,及时给总务主任们补上"怎样写总务案例"这一课。上海市教科研所的李金钊老师长期从事学校科研研究管理工作,是案例撰写的专家,李老师说给总务主任上课还是第一次,他精心备课,且在备课过程中发现学校总务工作案例非常少见,如有也是很早期的,于是他鼓励学员们写出富有时代特征的新时期"学校总务工作案例"。这次总务主任班培训,不仅收到了一批高质量的"学校总务工作案例",还取得了很好的效果。

案例10

小角落　大用处

上海师范专科学校附属小学　王蕾

[案例]

每到雨季，最让人头痛的是雨伞收纳问题。我校原每班配备一个伞桶，下雨天全班三十几把学生的伞不管长短全都一股脑儿塞在这个伞桶里。有一次巡视校园环境的时候，我发现有的班级因为伞无序地插在伞桶里，东倒西歪，有的甚至横倒在地上，地变得湿漉漉的，又脏又滑，小朋友脚一踩上去，很容易摔倒，出安全事故。

发现问题以后，我和校领导商量着是否重新配置更合适的伞架。市面上看了一圈也没发现合适的，要么体积太大，要么有安全隐患，这件事情也就搁置了。不久以后，我偶然进入一个班级，发现班级学生的长柄伞挂在教室后面的不锈钢条上，但是因为宽度不够，一直有伞滑落下来。我灵光一现，教室的这个闲置角可以改造一下。只要将宽度和摩擦力增加，小朋友的长柄伞就可以排成一排挂着了，既美观又不占地方。于是我和修理师傅一起商量这个墙壁的边用什么材料可以达到这样的效果，最后我们贴了一块以前用剩的废扣板，用海绵双面胶固定。这之后，小朋友们的伞就可以妥妥地挂在上面，再也不怕掉落啦。

[案例分析]

学校后勤工作是学校整体工作的一个重要方面。后勤工作的好坏，直接影响着学校教育教学工作是否能顺利进行。实施后勤精细化管理，关键要在"细化""务实""精致"三个方面下功夫，精细化管理体现在"细"字上，落实在"实"字上，成效在"精"字上。要达到这样的要求，后勤服务就必须做到主动、热情、周到、细致。要善于抓小事、抓细节。重视细节，善于抓住带有倾向性的小事和细节，这在实质上是提倡一种认真的态度和科学的精神。在学校的后勤工作中没有一件事情小到不值得去做，也没有一个细节应该被忽视。

 **案例 11**

用创意改善校园环境

瞿溪路幼儿园　郭樱琪

我们幼儿园始创于 1964 年，是一所具有悠久办学历史的老学校，由于幼儿园位于寸土寸金的黄浦中心城区，因此，园所环境比较狭小、老旧。让老园舍发挥新功能，满足幼儿园教育教学的需要，是对总务老师的考验。

我们幼儿园同时也是一所幼儿语言教育特色学校，近年来一直致力于打造"幼儿故事表演"特色课程。学校主张创设自主、开放的故事表演环境，丰富幼儿的语言内容，增强幼儿的理解和表达能力，让幼儿想说、敢演，喜欢表达表现，体验快乐，获得自信。为此，我园为每个年龄段的孩子都创设了表演专用活动室，用于课程推进过程中开展讲故事、玩故事、演故事等年级组大活动。

但是，我园大班部的表演专用活动室创建至今已有 10 年，在推进儿童故事表演课程的实践中，存在很多弊端，根本无法满足大班 6 个班级约 180 名幼儿共同参与活动的需要。比如：

(1) 固定的舞台，限制了幼儿参与表演活动的形式。

我园的故事表演课程是从幼儿听讲故事，到玩故事，再到演故事的系列活动，还有集体观摩表演的大活动。有时，幼儿的活动需要个别化进行，有时是分组活动，也有集体教学活动和年级大活动。目前在一个活动室内设置一个固定舞台，无法满足幼儿多种活动形式的需要。

(2) 布局的不合理，影响了幼儿社会性、自主性的发展。

表演活动是从自主装扮，到自由结伴，再小组互动，最后合作演出的一个过程。在此过程中，要充分满足幼儿的自主性和社会性，表演活动室的布局必须设置装扮区、道具区、表演区和观众席四个功能区域，且在各个功能区提供充足的材料，才能让幼儿充分自主地进行活动，并在活动中与同伴合作。

(3) 平面的空间，无法容纳幼儿活动的需要。

表演活动室原有面积为 92 平方米，平铺的空间在幼儿大活动时，虽然能够让全年级约180名幼儿一起参与活动,但后排和边缘座位的幼儿往往看不到台上的演出。

面对这些问题,在无法改变园舍客观条件的情况下,我只能从创意设计入手,用全新的理念开发老旧园舍。

(1)把原来固定在墙边的舞台,改造成可以移动、组合的活动舞台。在表演活动中,可以按需设置不同大小、不同形式的舞台。

(2)大活动时,可以把舞台设置在活动室中央,提供不同高矮的座椅,利用高度差满足幼儿360度欣赏演出的需要。

(3)充分利用墙面、地面来创设收纳道具、服装的空间。利用可移动的储物柜,对活动室进行多变的区隔。

经过改建,大班的表演专用活动室能充分满足幼儿故事表演课程各阶段活动的需求,能让孩子们在活动室里大胆地说,认真地看,尽兴地演。老旧的园舍在新理念、新创意的引领下为新时代的教育焕发出新的光芒。

三、引入评价,及时反馈

任务驱动培训对学校干部而言,使学习培训变身为完成一个或者有用,或者有趣,或者有难度的任务的过程。当一个任务完成了,一个目标达到了,学员们会有不同的感受和体验,对问题也会有不同的理解和看法,会产生新的任务、新的目标,学校干部们带着自己想解决的问题去实践,将会产生更积极的意义。而作为培训的组织者,则应该关注评价与反馈,只有这样,才能使学校干部产生自我驱动的内驱力,获得任务完成后的成功喜悦。

我们通过各项评选和论坛来奖励完成任务优秀的学员,以精神奖励和交流分享等方式来激发学校干部自我提高的内驱力,体验荣誉感、成功感。"十三五"以来,"学校人事工作案例"评选、"学校总务工作案例"评选、"学校科研工作管理案例"评选、"学校德育活动案例"评选等活动在学校干部中产生了较大的影响力,一大批学校干部通过培训获得了好评。同时我们开展了多层次的学校干部论坛,在开放、互动性的氛围中分享优秀作业,学员们的情感、态度、价值观得到了全面发展。任务驱动培训的学习过程,提升了干部的整体水平,有效地促进了学校各项管理工作,也促进了学校办学生喜欢的学校。

表 2-2 "十三五"干训部部分班级研修成果评选一等奖名单

类别	序号	学校	姓名	研修成果
人事干部班	1	李惠利中学	张逸莹	《着力关心 着眼成长》
	2	华师大附属卢湾辅读实验学校	朱逸亮	《教师摔倒后》
	3	徽宁路第三小学	李娟	《责任》
	4	董家渡路第二小学	翁晓川	《让事实说话》
	5	城市花园幼儿园	周英	《入职培训≠制度学习》
	6	教育培训咨询服务中心	张贤芬	《新人事如何尽快适应岗位》
总务主任班	1	重庆北路小学	费海雄	《黄浦区重庆北路小学学生营养午餐问卷调研表》
	2	大境中学	蒋敏	《教室黑板变白了》
	3	市南中学	林一栋	《借助智能手机提高总务日常工作效率的探索》
	4	向明初级中学	王凤翔	《学校收费工作案例——支付宝收款》
	5	瞿溪路幼儿园	郭樱琪	《用创意改善校园环境》
	6	海华小学	储颖	《调整广播操路线 保证学生安全生命线》
	7	宁波路幼儿园	黄引宇	《坐落在居民小区里的幼儿园大修工程》
	8	师专附小	王蕾	《小角落 大用处》
青管班	1	市南中学	费文凯	《要科学管理,还要有一点量子思维》
	2	爱童幼儿园	郑凤慧	《从去不去培训说起》
	3	中华路第三小学	赵毓敏	《筑没有围墙的学校——家长参与学校教育的思考与做法》
	4	上外-黄浦外国语小学	吴健	《淡化权力 有效沟通》
	5	市八初级中学	张岚	《加强档案意识,让学校发展步步留痕》

续表

类别	序号	学校	姓名	研修成果
德育教导班	1	光明初级中学	张烨	《玩转迪士尼尽赏新上海——光明初级中学学生秋季社会实践案例》
	2	格致中学	周雯婕	《青春同行共成长——由格致中学青年成长导师项目谈德育工作之"实践育人"》
	3	敬业中学	钟思慧	《让传统文化成为学生生命的底色——敬业中学传统文化教育课程》
	4	卢湾中学	吴元元	《以"卢湾星辰榜"构建行规教育评价载体》
	5	大同中学	傅桂花	《寻青春梦逐中国梦——上海市大同中学"梦想导航"之生涯发展体验活动》
	6	北京东路小学	马九梅	《挑战自我"六一"大派对——家校协同课程育人案例》
	7	上海市实验小学	孙琼	《育人为先的成长导航——基于小学生核心价值观培育的"校园智卡"开发与应用实践》
	8	上海市第八中学	李群华	《"不忘初心,行走上海"线路设计活动方案》

(注:所有学校均为上海的学校)

第三章
案例研讨技术

案例研讨技术并不是一个时新的概念,可以说直接来源于案例培训。案例培训早在 20 世纪 20 年代就被美国哈佛大学商学院用于培训工商管理硕士(MBA),当时是采取一种很独特的案例分析式的教学,这些案例都来自商业管理的真实事件,案例研讨非常有助于培养和发展商学院学生的积极性,使他们能主动参与课堂讨论,并被实践证明是培训管理人员的有效方法之一,因此成为广泛运用的培训模式并经久不衰。

20 世纪 80 年代起,我国在学校管理者培训中开始采用案例培训的方法,因实践证明有效故而一直在学校管理者培训中被广泛采纳,可以说已经成为一种经典的培训模式。学校管理者通过接触大量的真实管理案例,丰富自己的管理角色体验,当类似事件发生时,可以从容理性应对。

早在卢湾、黄浦两区合并之前,原卢湾干训就在吸收案例教学精神的基础上,努力探索,并在区域干部培训中开展案例培训,经常组织学员在培训中讨论工作中经常发生或可能发生的管理问题,引导学员深入分析每个事件中蕴含的管理问题和规律,寻找解决矛盾与冲突的策略。2008 年,它又汇集各类学员撰写的案例,初步总结案例培训实践成果,正式出版了《学校"事件"与管理策略——学校管理案例评析》一书。

2012 年两区合并之后,黄浦干训继续致力于优化培训技术的研究和实践,依托市级课题"提高师干训实效性的'浸润式培训模式'的开发与实施"的研究,在工作中开展了干部浸润式培训模式的长期实践,于 2016 年正式出版《学校干部浸润培训模式的建构》一书。而案例研讨技术正好体现了浸润式模式的"学习者中心"和"情境性"两个基本核心特征,一直在培训中受到学员的认可和好评。我们在坚持数十年的学校管理者案例培训的实践过程中,不断积累了一批学校各级各类管理者的真实典型的管理案例,深入探讨案例研讨技术的核心理念、原则和优劣势，归纳总结出一些具体的操作性较强的案例研讨技术，在此愿意与基础教育干训同行们分享。

第一节 案例研讨技术概述

一、案例研讨技术的由来

所谓"案例"，是指对一个实际情境的描述。在这个情境中，包含一个或多个疑难问题，同时也包含解决这些问题的策略与方法。案例一般具有真实性、故事性、典型性和疑难性四个特征。而学校管理案例，就是指对在学校管理工作中发生的一个个包含有疑难情境或问题解决策略与方法的事件的真实描绘。

案例研讨技术是一种以案例为基础的培训方法。培训中所采用的案例，本质上就是对学校管理活动中的典型事件加以整理、反思之后，运用文字再现学校管理工作的场景。这些案例大都是现实学校管理过程中已经发生或正在发生的事件，学校管理者面对这些实际问题，通过互动研讨、专家分析或模拟演练等，运用所掌握的知识技能，分析问题、引发思考、制定对策、解决问题，在过程中磨炼自己的分析能力、反思能力和解决实际问题的能力，从而提升学校管理能力和综合素养。

二、案例研讨技术的核心理念

在学校干部培训中，案例研讨技术所遵循的核心理念就是"学习者中心"和"情境性"，这两点和干部浸润式培训模式的两个基本核心特征是完全一致的。

1. 学习者中心

学员永远是干部培训的真正主体，就如同学生是学习的主体一样。培训的主要价值在于组织、策划、引导、支持和帮助。案例研讨技术充分关注学员的主体特征，案例从学员中来，又回到学员中去。我们分别在青年管理干部、人事干部、总务主任、科研主任、德育教导等培训班向学员征集学校管理案例,组织学员分组对这些案例进行讨论和分享,邀请专家评选出学员撰写的优秀案例,在全班范围内分享或展示,并且汇编印刷成册,供更多的学员学习和借鉴。

2. 情境性

干训的浸润式模式致力于让培训者参与到具体情境中的具体任务中而获得体验、感悟与提升。案例研讨技术的最大特点是案例情境的真实性。案例来自真实具体的实例,加之采用了形象生动的叙述形式,给人以身临其境之感。通过案例创造一个个相对真实的浸润情境,大大缩短了教学情境与实际工作情境的差距,易于学员的学习和理解。学员们通过案例详描、深入研讨、分享展示等方式进行学校管理经验的观察与反思。

三、案例研讨技术的主要原则

基于十几年案例培训的实践经验,我们发现案例研讨技术要发挥较好的效果,以下两点主要原则是最值得关注的。

1. 自主性原则:独立思考与自主撰写

自主性原则是我们的培训原则之一,更是案例培训的主要原则。从撰写案例、分组研讨到分享展示,每个环节都需要充分发挥学员的主动性和自觉性。首先,撰写案例时需要每位学员主动参与,自己通过发现工作中的案例、搜索案例写作参考资料、个人独立思考等,撰写出高质量的案例。其次,分组研讨的主持、记录、发言、提问、回答和总结评选整个过程都由学员自主完成,研讨后每位学员会根据研讨结果再次补充和完善自己的案例。最后,需要分享展示案例的学员接下来会设计和制作PPT,或者根据发表和出版的要求继续修改完善案例,尽力达到最好的展示效果。

2. 共同成长原则:同伴互动与小组学习

除了个人的独立思考和反思,同伴之间以及小组内的互动互助是案例研讨技术的另一个主要原则。培训在关注学员个体需求的同时,更重视学员整体的提升,强调两两之间的同伴互动和小组内的同伴学习。我们希望在小组之内和同伴之间,通过深入的分组研讨,彼此分享信息、观点、经验和才识,在一次次的思想碰撞中提升能力、共同成长。

四、案例研讨技术的优点与不足

案例研讨技术对来源于学校工作的真实案例进行再现、评析、研讨与反思等,再把从中获得的经验、教训、方法和策略等运用到学校实际工作中去。这一系列过程必然要求学员要成为培训的主角并致力于有效解决学校各种问题,因此该技术最大的优点主要包括以下两点。

(1) 案例研讨技术变学员被动接受为主动参与。

案例研讨技术转变了以往以聆听专家讲座为主的培训形式,以听为主的培训缺乏互动,学员们被动地接受着理论或观点的灌输,难以激发主动性和创造性。案例研讨技术要求学员在撰写案例时,主动搜索工作中的案例,查找写作资料,精心准备案例;在小组研讨案例时,学员要运用相关理论、数据、经验、教训等从不同侧面表达自己的思考与观点。面对一个个真实的案例,学员应不断思考"为什么会遇到这样的问题?这样的解决方式是否恰当?以后遇到类似的问题可以用相同的办法解决吗?"等诸如此类的问题。这一系列过程可激发学员思考,发挥学员潜能,促进学员交流经验。

(2) 案例研讨技术提升学员解决问题的实际能力。

案例研讨技术注重案例内容与学员之间的适合性,考虑学员的真实需求,选择与学员特点相适应的培训方式。众多的案例大大丰富了学员在学校管理上的"实战"经验,为学员提供了锻炼其实际管理能力的机会。在案例研讨中,学员的口头和书面表达能力、分析和解决问题的能力都能得到锻炼和提升,并能逐渐学会以更强的信心去应对疑难问题和挫折,以开放的心态听取不同的意见,在思想的碰撞中发现新的处理问题的策略。

当然,案例研讨技术也存在一些不足。首先是费时费力,从案例的选择、撰写、评选,到案例的讨论、交流、分享和展示等,都需要花费较长的时间和精力去准备。整个过程的投入和产出相比,效率相对较低,显得"边际效益"不佳。

其次,学员撰写和选择具有典型性意义的案例颇为不易,学校每天都在发生着大大小小的管理事件,究竟哪些是值得作为典型案例来深入研讨的?哪些案例引申出的经验和方法是具有普遍意义的?这些都不是简单或轻易可以做出判断的。因为不同学校的环境和条件存在天然的、客观的差异,这会导致直接迁移性不强,很多时候一个学校发生的案例的解决方法常常并不能直接照搬到另一个学校去,这时候具体问题具体分析就显得尤为重要。

第二节　案例研讨设计与实施技术

我们在案例培训的研究和实践过程中,总结和提炼了流程式案例研讨技术、主题式案例研讨技术和切片式案例研讨技术三种主要的案例研讨技术,供大家参考借鉴。

一、流程式案例研讨技术

流程式案例研讨技术属于比较常规的案例研讨方式,主要针对学校管理中发生的真实管理事件进行撰写、研讨和分享,一般遵循以下三个严格的流程。

1. 案例撰写

案例不是别人撰写的,不是现成的,也不是虚构的,而是学员自己撰写的真实案例。案例必须是学员亲身经历的真实事件,或者是自己身边的人经历的真实事件。我们的目的就在于让学员撰写自己的案例、讨论自己的案例、分享自己的案例。

在撰写案例之前,干训部会给学员明确案例撰写的具体要求,例如人事干部培训班的案例撰写要求如下。

(1) 案例目的与特点。

案例讲述的是一个故事,叙述的是一个事例,须有较强的可读性和较高的参考价值。撰写案例的目的在于供人事干部工作研究和实践之用,并不反映案例背景单位实际人事工作水平与绩效。可以对案例素材进行一定的加工处理,但是不能够凭空虚构,为防止不必要的麻烦,案例撰写者可避免在案例中出现真实校名、人名等。

(2) 案例范围及内容。

包括所有和学校人事工作相关的案例。可以是人事干部在日常人事工作

（包括人才引进与流动、人才配置与培养、人才激励与考核、人事争议等）中所取得的成功经验和做法，也可以是人事干部在日常人事工作中遇到的热点、焦点、难点、疑点现象和问题，以及应对与处理方法。

（3）案例结构。

按照"案例描述＋问题提出＋评析与反思"的结构进行撰写。在撰写案例时，可首先对某一具体事件发生的时间、地点、经过、处理方法、结果进行简洁生动的客观描述；然后根据案例本身，提出有共性或借鉴意义的问题，也可以提出与该案例相关的目前尚未解决、需要探讨的问题供进一步研究；最后紧密围绕提出的问题，运用相关法律政策或专业知识进行分析、讨论和反思，提出应对或解决的设想、意见、策略和方案等。

根据案例撰写的要求，每位人事干部都认真撰写了案例，学员们的真实案例从学校人事日常工作出发，反映了人事干部用爱心、信心、责任心智慧地做好本职工作，并善于从工作中反思的良好工作态度与方法。一篇规范案例的基本结构如下所示。

案例 1

着力关心　着眼成长

人事干部班学员：张逸莹（上海市李惠利中学）

一、案例描述

2016年初，我校启动专业技术人员岗位等级晋升工作，共有7名专业技术岗位12级的青年教师竞争仅2个名额的专业技术11级岗位。这7名青年教师中，有6名是2011年进校的，有5名为研究生学历，均为主科教师。每位教师均有厚实的学科专业背景知识，在各自的工作岗位上兢兢业业，求实进取，教育教学成绩卓著。无奈"僧多粥少"，他们必须面临更苛刻的晋升条件。

学校聘用工作小组根据《岗位竞聘评分细则》仔细审阅核对每位老师申报的材料。最后根据各项评分指标取总分前两名推荐晋升到11级专业技术岗位。除一名2007年入职的教师晋升外，另有一名在全国教学大赛中荣获一等奖的青年教师胜出。排名第三、第四的两名教师，总分距第二名仅1~2分。而排名靠后的三名教师的总分也很接近。比较后发现，有三名老师在教科研、公开课等方面得分较低,导致整体评分不高。在评分结果出来后,笔者将每项评分情况及总分结果以书面形式反馈于每位当事人,逐一说明后确认签字。没有晋升成功的老师自然流露出遗憾的神情,但对透明化的评分结果也表示了认同。随后,这些老师仔细查看各自的"失分点",笔者当场进行答疑解惑,耐心细致地回答当事人就本次岗位等级晋升提出的一系列问题,并设身处地、推心置腹地提出中肯的意见和建议,找出她们各自的"生长点",使她们明确今后努力的方向。

几个月后,笔者在科研室主任那里得知,当时因教科研得分低而总分垫底的那名老师报名参加了区论文评选。当时,该名教师在看到自己的教科研项目得分时恍然大悟。原来,出色的教学成绩还不能代表教师个人全部的专业教育教学水平。在明确了自己的"薄弱点"后,她做出了积极的调整,努力将"薄弱点"转化为"成长点"。这位教师任教化学,长年"驻扎"初三毕业班,兼任学校化学实验室实验员,两年前又做了妈妈,工作和育儿的压力可想而知,但她对个人专业发展的追求却毫不松懈。而另一名青年教师则挺着大肚积极应战区教学评比,精神及勇气可嘉。最终,这位准妈妈在校领导的关心及学校老师的指导帮助下,夺得一等奖,并进入了市级青年教师研修团队,之后还参加了上海市的教学评比,获得了三等奖。

二、问题提出

岗位等级晋升、职称评聘等工作是学校人事管理中的重要环节。它直接关系学校师资队伍的建设,影响教职工的工作积极性,从而在一定程度上决定学校的整体运行效率。现阶段,我校教师年龄趋向年轻化,这对学校本身来说,是一股巨大的潜在力量。年轻教师有着非凡的精神力量,推动着学校教育教学工作的发展。但他们往往忙于教学工作,疏于沉淀,从而阻滞了他们成长的步伐。作为学校管理者,更要关注青年教师的成长,以之为学校发展建设的根本,并以其内心的愉悦为工作导向,实现青年教师能力的发掘和整合,各尽其能。

教师是学校知识资源的驾驭者,充分调动和发挥教师的主动性、积极性和创造性,都将直接影响到学校的竞争力,最终决定学校教育教学的发展。因此,人事部门及学校管理层应以此为契机,努力培养和提高青年教师的整体素质,积极为青年教师的成长提供支持,搭建平台。

三、评析与反思

实践证明,人事干部在实际工作中要注重情感投入,要充分尊重教师人格与劳动成果,关心他们的情感变化,关注他们的存在和价值,真正感受教师的内心,将教师视为朋友,从教师的角度去感受其心理上的变化。只有这样,才能赢得教师的信任,使教师有归属感。

通过此事,笔者更体会到人事管理的本质要求是"以人为本"。人是管理的主体,要确立人在管理中的主导地位,以"人"为中心进行管理,最大限度地挖掘人的潜能。

人事干部还应具备强烈的服务意识,以教师为本,顾及他们的需求和承受能力。变"人事管理"为"人才服务",主动服务于广大教师。应充分认识到青年教师的个体差异,协助老师制订好个人发展规划,帮助搭建平台,让青年教师分阶段实现自己的工作目标。并可在此基础上,依据每个教师的个性、特长、学识、能力等建立相关档案,明确不同人的优势,真正做到人尽其能,挖掘出青年教师的最大潜能,以便于在未来的工作中使青年教师能得到合理分配,使其能力得到充分发挥。

学校要加强教师队伍建设,就必须促进青年教师的全面成长,让每位教师成为理论与实践相结合的专家型教师。这个成长的过程包含了外部环境的影响与自身不懈的努力。只有营造出适合青年教师健康成长的环境,才能使学校教育后继有人,使办学质量不断提高。而适合青年教师健康成长的环境一定是一个团结互助、协调和谐、平等相待、有竞争、有合作的集体环境。这样的成长环境定会让人感到心情舒畅,信心百倍。青年教师初涉职场,他们的需求是多方面的:有被关心的需求、追求良好环境的需求、被理解尊重的需求等。作为学校要了解和尽量满足他们的需求,理解他们的想法,引导他们正确对待个人的欲望与现实之间的差距,形成一种以"协作、交流、分享"为特征的教师成长氛围,使青年教师深深地喜爱这份职业。

努力培养和提高青年教师素质,适应当前教育改革和发展的需要,是教育事业兴旺发达、后继有人的大事。因此,满腔热情地关心青年教师,着眼于青年教师的成长,坚持"以人为本"的管理理念,建立"人才服务"的工作意识,积极探索激励教师的最佳途径,努力搭建促进青年教师全面成长的最佳平台,让青年教师这一充满活力和希望的群体在实践中茁壮成长,是作为一名人事干部应尽的神圣职责。

2. 分组研讨

在案例撰写的基础上,为了进一步分享和引发思考,干训部接下来会组织学员进行案例分组研讨。分组研讨并不是为了小组成员就某一案例取得一致意见,而是促使每位小组成员通过深入的交流与讨论,进一步反思、调整,深化对案例的分析和思考。班主任一般会根据学段或是主题进行分组,每组人数不宜过多,一般是10人左右,小组内部也有分工,学员自己确定主持人、记录人和分享人,并且基本确保每位学员在研讨会上都有发言。

在分组交流研讨活动中,有的学员介绍学校管理方面的可供借鉴的成功经验,有的学员提出学校管理方面的共性难题和解决思路,更有学员大胆提出在学校管理方面的个人思考。由于大家事先准备充分,对案例的背景、过程描述得比较仔细,也愿意坦诚分享应对措施,甚至还进行了客观的自我评价和反思,因此引起了大家的广泛共鸣,现场气氛自由而热烈。每当精彩的案例呈现时,大家都积极予以呼应,有的追问细节,有的询问措施,还有的提出自己的建议。案例研讨会结束后,学员们对学校管理工作的思考和实践也还会继续。学员们纷纷表示,这样一种学员自培、同伴互助式的培训方式非常有针对性和实效性,促进了校际之间的经验分享。

又如在青管班的案例分组研讨中,每位学员在分组研讨中都分享了自己撰写的学校管理案例,内容涉及学校管理的方方面面,包括教育教学管理、课程管理、科研管理、学生管理等,学员们精心准备发言、认真倾听,两个小时的交流时间还显得略短,一些具有共性的学校管理案例引起了大家的关注和共鸣,大家围绕着案例进行了深入的讨论互动,最后每组还推选出两个最具代表性的案例和两位发言最精彩的学员代表。

图3-1　青管班学员进行案例分组研讨

再如在人事班的案例分组研讨中,由于人事管理工作和每个人的切身利益紧密相关,学员们对每一个人事工作案例的讨论都特别投入。每位学员通过人事工作案例的撰写、分析和研讨,针对人事工作中常见的重难点和瓶颈问题,交流分享人事工作实践中的经验与智慧、反思与困惑。

图3-2　人事班学员进行案例分组研讨

3. 分享展示

在分组研讨的同时,每个小组都会通过民主选举推选出最优秀、最有代表性的几篇案例,为后续的案例分享与展示做好准备。为了更客观、公正地评选出优秀案例,干训部会聘请相关专家,对班级每位学员撰写的案例进行认真的匿名评审,分别评选出一、二、三等奖,这些获奖的优秀案例有的会在班级结业仪式上做分享交流,有的会推荐发表在相关杂志刊物上,有的还会选入干训部编辑印刷的研修文集或正式出版的研修成果中。

为了更好地进行分享展示,干训部会组织相关学员精心做好准备工作,通过专家指导和同伴互助,学员们不断修改完善案例,围绕各自分享的案例精心制作完善PPT,通过试讲力求表达精简流畅。

下面这篇是青管班学员在结业仪式上分享的案例,案例来源于学校真实事件,学员从案例描述、问题提出、评析与反思三方面进行了分享,引起了大家的共鸣与呼应,也得到了参加结业仪式的教育局领导的认可和好评。

案例 2

淡化权力　有效沟通

青管班学员:吴健(上外-黄浦外国语小学)

一、案例描述

X老师,四十多岁,区骨干,资深教师。因工作需要,被任命为学校某主要学科教研大组组长。虽履新职,但大家都觉得,以她的资历能力,胜任应该没有问题。然而,出人意料的是,X老师上任不久,便状况频出,矛盾不断。

先是一场集体阅卷。上任以来,X老师第一次以大组长的身份组织全体学科教师阅卷。刚开始没几分钟,X便气呼呼地跑到教导处,说:"二年级组的组长H老师,说工作忙,不来阅卷,以前某某做我这个位置的时候,她也忙啊,可从没见她不来!她就是要趁这个机会,给我倒做规矩!你们要帮我撑腰的,不能同意她!"教导主任随即找到H老师了解情况,结果发现H老师确实对X老师有些许看法,但也并无存心跟X作对的意思,确实是有急需完成的任务。经主任协调,H老师去了阅卷教室。

接下来的阅卷过程摩擦不断,主要是对阅卷标准有分歧。几位老教师对X定的评分标准不断提出异议,X气不打一处来,认为这又是在给她这个"新官"倒做规矩。脸一沉,以一副不容置疑的口吻道:"听你们的,还是听我的?这标准就这么定了!"而后,这场阅卷在别别扭扭的气氛中终于完成。第二天一早,Y老师拿着本班试卷找到校领导,对X的评分标准表达了强烈的不满。校领导经调研研究后,发现X的评分标准也并非如Y老师所说的那般糟糕,倒是有她的独到之处。

就这样,这个教研大组,渐渐变成了矛盾高发区。这边老师们集体抱怨:X升了个芝麻大的官,手里多了点权,就爱摆出一副领导的腔调,动不动发号施令。碰到与她意见不一致的情况,一听就急,很难沟通。那边X老师也是憋了一肚子的火:"那几个跟我差不多大的教师,摆老资格,不把我放眼里,要倒过来做我规矩,根本就是人品问题!"

二、问题提出

导致上述局面出现的原因比较复杂,但主要问题还是出现在X老师身上:

急于运用手中的权力,打开工作局面。然而,权力并不如她想象的那般管用,加上她不善沟通,一开始就陷入困境。笔者认为,作为管理者的 X 老师,当下急需修习的功课是:学习用权,学习沟通。

三、评析与反思

1. 权力——淡化为妙

(1) 别想用手中的权力激励教师努力工作。

权力的一个重要特性就是强制性,也就是强迫别人做事情。可是,每个人最愿意做的事都是出自他们的本意,因此仅靠权力让教师做事,那他们就会打心眼里不愿意,不仅不愿意做事,而且不愿意被领导。对于这一点,上面的案例中下属们对 X 老师的集体抱怨已经有所体现。可以想象,这种情况下,每个人的积极性和创造性都是极低的。

(2) 不要奢望权力能让人自觉工作。

权力的特点,在于迫使别人服从自己的意见。这就意味着当你运用权力时,你的下属是被动的、不自觉的,或者说,是你说一下,他动一下。平时动用权力越频繁,他们就越不可能主动工作。只有大家理解了你的想法,并且认为你的想法正好与他们的个人期望一致时,才会自觉做事。从这点来看,X 老师认为既然自己是团队领导者,大家就应当自觉服从自己的意志,自觉按照她的想法行动,这种认识是十分错误的。

(3) 别天真地以为权力会带来认同感。

X 老师一句"听你们的,还是听我的?这标准就这么定了!"说明她在运用权力。可她这么做只能让大家就此闭嘴,乖乖地按照她的意思去做,并不能让别人认同她的想法。整场阅卷的别扭气氛、第二天 Y 老师的告状,印证了权力并没有给她带来认同感。

(4) 不要幻想权力可以对人产生巨大影响。

事实上,权力对教师的影响是有限的。权力对那些资格很老的人根本没有效果,权力对那些得过且过不思进取的人也没什么影响。案例中,与 X 老师矛盾较大的,都是与她资历相仿的老教师。她们对 X 手中的权力,根本就不当回事,甚至可能打心底里还有些不服气,觉得"原本你不比我强多少,凭啥现在我要接受你的领导?"

如此看来,原本对开展工作有益的权力,如果运用不当,无论是对教师还是管理者都可能有害。只有将权力作为工作的基础,作为一个最后的手段,一个支持我们利用其他的领导方法改进工作的时候,权力才能显出效果。

2. 沟通——有效为上

(1) 观察而不急于行动。

若案例中的 X 老师在上任之初不急于给下面人做规矩、树立威信,或许局面要比现在好得多。作为一个管理者,观察能力格外重要,只有通过观察才能了解一个人的长处和短处,了解一个人的行为对其同事的作用和对实现管理目标的影响。当管理者对教师进行观察时,可能会对正在发生的事情形成一些看法,但这时切忌行动。别忘记自己要尽力成为一名中立的观察者,通过进一步的观察来检验自己已形成的看法。

(2) 倾听而不急于判断。

管理者,不仅需要了解他人的行为,而且要体察他人的感受和动机,这只有通过积极倾听来做到。积极倾听能使人感到放松,可促进相互交流。案例中 X 老师与 H 老师的矛盾,起因是 X 老师急于判断,一看到 H 老师不来阅卷就立马下结论是 H 老师要与她作对。如果她能先主动找 H 老师了解情况,积极倾听 H 老师的想法和解释,再加上适度的换位思考,或许事情就能圆满解决,也能树立自己在 H 老师心目中的良好形象。

(3) 倡导而不是要求。

良好的沟通,能让管理双方间建立一种指导型的伙伴关系。案例中,建议 X 老师在遇到下属对她定的评分标准有异议时,不以命令的口气来发表观点,而是提出开放式问题,比如:"如果……将会发生什么呢?"然后在与下属平等的交流和讨论中,通过适当的方式提出自己的想法和建议,使自己提出的指导性意见易于被对方所接受。

(4) 针对行为而不是态度。

管理者是一个理性的角色,绝不要评价对方的性格、态度和人格。X 老师在与领导的交谈中,以一句"根本就是人品问题"评判"与她作对"的老教师,这显然是极不理性的。应取的做法是描述其行为表现,描述这些行为表现所产生的影响。裁判性的语言只会使人采取更为防范的态度。

二、主题式案例研讨技术

除了常规的流程式案例研讨技术,主题式案例研讨技术也是颇具特色的,可以说是案例研讨的升级版。主题式案例研讨顾名思义就是紧密围绕某一个主题进行的若干案例培训。和流程式案例研讨截然不同的是:案例不是学员选择和撰写的,而是培训教师精心选择的和主题相关的真实案例。培训流程一般分以下四个阶段进行。

(1) 准备动员与部署阶段:分发案例与学习案例。

(2) 培训前准备阶段:分组讨论与确定发言代表。

(3) 课堂主题发言与互动阶段:分小组进行现场发言和回答提问。

(4) 教师点评总结阶段:点评现场发言和总结问题。

例如干训部曾选择"防范'权力陷阱',倡导廉洁自律"这一主题,邀请上海市科教委党校专家教师,先后在黄浦区教育系统支部书记培训班、两期教育系统青年管理干部培训班开展主题式案例研讨培训。

主题式案例研讨技术:防范"权力陷阱",倡导廉洁自律

1. 培训目的

通过案例培训,使学员了解当前干部面临的"主要权力陷阱",深刻认识"权力腐败"的危害性;深入探讨党员干部如何廉洁自律,防范"权力陷阱",正确对待与行使"手中的权力",以及如何树立正确的世界观、权力观、事业观,提高廉洁自律的自觉性。

2. 培训流程

本案例培训,坚持学员主体地位与教师主导地位相结合,采取学员自学讨论、学员课堂交流互动、教师点评与总结相结合的方式,分四个阶段进行。

(1) 准备动员与部署阶段:分发案例与学习案例。

老师提前一周将16篇精心选择的真实案例分发给学员,让学员进行案例自主研读与学习。各小组在组长的带领下,围绕如何防范"权力陷阱"这一主题进行准备,充分深入地进行组内自学、讨论和分享。

(2) 培训前准备阶段:分组讨论与确定发言代表。

各小组抽签决定本组集中发言题目(五个讨论与思考题,抽中讨论与思考题1的为第一小组,抽中讨论与思考题2的则为第二小组,以此类推)。各小组在全面研读案例的基础上,就抽签决定的题目进行集中讨论,内容包括该问题的主要表现、根源与影响因素、如何克服与防范三个层面。

同时,各小组就其他四个问题分别设定提问的题目(准备课堂上对其他小组进行提问),并准备应答其他小组的现场提问。各小组选定一位学员代表本小组发言,该小组发言人须准备好6~8分钟的课堂发言材料(用PPT展示);同时,选定一名提问人,对其他小组进行提问;再选定应答其他小组提问的应答人一名。此阶段集中就五个问题讨论,每个小组各承担一个问题。

(3) 课堂主题发言与互动阶段:分小组进行现场发言和回答提问。

每个小组的互动步骤为:小组发言人围绕主题发言(每个代表发言6~8分钟),发言结束,其他小组提问人开始提问,该小组应答人对其他小组提问人提出的相关问题进行应答(每组提问和回答时间共计8分钟)。

课堂上围绕五个问题分组交流研讨的感受,包括"如何正确处理官员与商人的关系,有效防范权钱交易?""在关系社会中,党员干部如何处理人情往来,有效避免'权为情所用'?""党员干部怎样才能过好'美色关',如何抵御和防范美色的诱惑?""领导干部如何抵制与克服'跑官要官、买官卖官'现象?""权力腐败的'突破口'在哪里,党员干部如何'慎初',防止迈出腐败第一步?"学员们全情投入,积极思考、主动提问,各小组的学员结合本区本校的实际以及分管的工作谈自己的体会,在场的学员都深受教育。在互动交流的过程中,学员们对于如何"防范权力腐败"有了更进一步的了解,思想上又一次受到了教育和提高,进一步端正思想、提高三观。

(4) 教师点评总结阶段:点评现场发言和总结问题。

在讨论、交流、互动的基础上,最后专家教师对学员的发言以及学员提出的问题进行了详细的分析,包括案例所揭示的主要问题、"权力陷阱"的主要表现以及如何防范"权力陷阱",从发生权力腐败的三个条件——手中有权力、心中有欲望、制度有漏洞,权力腐败的三个表现——权钱、权情、权色,防范措施的两个层面——个人层面、全党层面,提出了基本思路与对策建议。专家教师也对现场每个小组的发言和提问进行了精彩点评,当场评选和表彰了优秀发言人、提问人、应答人。

3. 培训参考资料

(1)《中国共产党章程》
(2) 十九大报告
(3)《中国共产党纪律处分条例》
(4)《中国共产党党内监督条例》

(5)《中国共产党廉洁自律准则》

(6) 相关法律

4. 附 16 篇相关案例（略）

学员们通过这样的主题式案例学习，了解了当前干部面临的"主要权力陷阱"，深刻认识到"权力腐败"的危害性，进一步明确了如何做到廉洁自律、防范"权力陷阱"，在工作中学会正确对待和行使手中的权力，树立正确的世界观、权力观、事业观，强化廉洁自律意识和提高廉洁自律的自觉性，党性得到了进一步的提高，这样的案例学习也鞭策学员们不忘初心，牢记使命，为黄浦教育事业做出自己应有的贡献！

三、切片式案例研讨技术

切片式案例研讨就是围绕某一个典型案例深入进行的案例研讨培训，在研讨过程中，把这个案例发生的过程像切水果一样切成片，从不同角度深入分析案例过程的每一步可能引发的问题，寻找解决问题的思路和方法。切片式案例以一个案例贯穿到底，以其情境性、连贯性和新颖性吸引着学员。案例同样是学员提供的真实案例，但只选择一个最典型最值得深入探讨和最有借鉴意义的案例。

切片式案例研讨一般包括案例问题最初情境呈现、切片分析、真实方案和专家点评。在切片式案例研讨过程中，学员们充分运用听说、思考、行动、调整等一系列手段，将学到的管理思路和方法运用于这一贴近实际工作的具体案例之中。有效开展切片式案例研讨培训，需要注意如下几点。

1. 设置问题情境

要让一个案例能够从不同角度深入分析，首先需要设置紧密联系又层层深入的问题情境。这些问题情境必须是真实的、可讨论的、有一定难度的。一个问题情境就是一个切片，围绕着这些问题情境，学员才能展开预案讨论。

2. 组织学员研讨预案

在设置好一轮轮的问题后，为应对一系列具体事件和问题，培训师要指导学员或分组讨论，或自我思考，拟定若干解决问题的预案。各种构想和预案逐一呈现，学员之间交相争辩、相互启发，最后再以真实结果予以印证，学员从中可以得到丰富的启发和借鉴。

3. 专家点评

每一个切片讨论之后，专家进行点评的好处：一是促进学员自身的反思，学员对事件的理解与态度、提出预案的方式过程、对待他人方案的吸纳与批评等等都可以成为反思的内容；二是专家作为咨询者，可以为学员提供理论和专业咨询，也可以引导学员发掘自己的学习需要。

干训部曾在学校书记和副校长培训班上针对某一典型案例开展切片式案例研讨，每一个切片分析都是最精彩和讨论最热烈的环节，学员们各抒己见，或认同，或探讨，或疑问，或争议，在思维碰撞中各有所获。

切片式案例研讨技术：一起校外交通事故的善后处理

【案例问题情境】

某年6月1日下午，一初中学生在参加完市教委举办的活动，统一乘车回学校后，独自骑自行车回家。在归家路上和一辆大巴相撞，后脑着地，昏迷不醒，被前来的警察及120救护车急送东方儿童医学中心抢救。

切片1：学校在得知事故发生的第一时间里应该怎么办？

【切片分析】

学员各自表述自己的应对预案。培训师此刻不做评价，以免影响学员的自主发言与交流。

【真实方案】

班主任黄老师在接到家长电话后立刻报告校长。校长在向教育局和青少年科技活动中心领导汇报情况后，马上组织班主任、校办主任（其丈夫在该医院工作）、总务主任赶往医院。随后，青少年科技活动中心主任赶到医院。局领导要求在医院处理完毕后回学校召集局相关科室负责人、青少年科技活动中心和学校负责人在学校召开紧急会议。

【专家点评】

在第一时间内的积极处理（送医院、汇报、通知家长等）是争取抢救时间和挖掘抢救资源的关键，也是处理好整个意外事故的基础。

切片2：是否抢救？

刘某被送至医院后，经医生初步诊断，生命指数仅为3，而且脑干受伤，即使做手术可能后遗症也较大，医生认为已没有抢救必要，建议家长放弃抢救。但家长向学校求助，强烈表达要不惜一切代价抢救孩子。

此时，学校应该怎么办？

【切片分析】

学员根据上述情况，纷纷发表自己的意见和建议。

（1）尊重院方的意见，建议听从医院的安排，因为院方作为专业医疗机构已经给出了专业的答复，当然也不反对家长与医院交涉争取抢救的机会，但学校不参与。

（2）虽然家长现场强烈要求组织抢救，在这种情况下让学校出面同意并竭力争取抢救，但这是脑部开颅手术，风险极高，万一命保住了人却变成植物人，到时家长借口精力、经济上负担不起，（何况学生家庭经济现状堪忧）如果一走了之，把责任都推给学校，学校极有可能出现好心办坏事的情况。所以，在诚信缺失的当今更要理智再理智。

（3）千方百计帮助学生家长争取医院全力组织抢救，哪怕学生还只剩一口气也要争取，因为这是一条活蹦乱跳的生命，上午还好好的，说没就没了，连抢救的机会都不给，将心比心，于心不忍。

【真实方案】

最后在家长和学校的要求下，医院决定抢救。在学校直接联系院长之后，医院派出最好的脑外科医生赶往医院进行手术。其间市教委的领导也给院长打电话，希望医院全力抢救。

【专家点评】

学校采取的方案是合适的。首先，这是对生命的尊重，挽救生命，就应该有百分之一的希望，就做百分之百的努力；其次，这也是对家长极大的安慰。几位学员提出的预案，有的细节考虑得比当时学校所采取的更细腻有效。当然，考虑到当时学校所处的应急状态，总体措施是恰当适宜的。

在这场抢救生命的紧急事件中，学校动用了一切可以利用的外部资源，争取医院最好的医生来为学生做手术，其他事情暂不考虑，先救命，救人第一位。这其中就含有调试外部环境的诸多能力。

当然在处理这一事件时还要更加细腻些，例如，一定要事先会同医生跟家长明确手术的风险和可能出现的最坏的情况,手术确认书必须由家长签字。

切片3:学校是否需要垫付手术费?

经过抢救,孩子脱离了危险,病情稳定下来了。但问题接踵而至。抢救急需五万元手术费,家长表示没有现钱,肇事方大巴公司派人员来医院付费1万元后离开了。在这紧要关头,学校是否该先垫付这笔钱呢?

【切片分析】

(1)显然此次交通事故是由巴士公司直接造成的。若由交警出面协调巴士公司、受伤学生家长、医院间的费用问题,更合情合法。当然学校也可协助沟通、劝慰等工作。

(2)学校若付这笔钱,担心今后这笔钱的归还问题。

(3)事实上,学校也担心若付这笔钱后,也许会给有关方面落下学校应担当此次事故主要责任的印象。

(4)尽管此次交通事故直接责任由巴士公司承担,但在救助受伤学生生命的关键时刻,学校首先应关注的是对学生生命的救助。在肇事巴士公司无踪影,医院急需手术费,家长表示无现钱的情况下,需要学校来解决手术费问题。

(5)学校若担心今后这笔钱的归还问题,可采取垫付、家长签字认可的形式支付。

(6)学校在此次事故中应承担怎样的责任,是今后由法院判定的,不必担心"学校若付这笔钱,会给有关方面落下学校应担当此次事故主要责任的印象"。

【真实方案】

最后是由学校总务主任个人垫付4万元手术费。手术结束后,晚上十点左右校长和班主任返回学校,向等候在学校的局领导汇报情况。

【专家点评】

学校在支付救命钱的过程中,采取了较主动的行为,既可能会挽救学生的生命,也会使病情早日处理,不致继续恶化,同时也可一定程度安慰家长的心。若不付这笔钱,所造成的后果也许更不可想象,更难处理,会带来更多负面效应。

切片4:如何应对家长、舆情与学校师生?

孩子手术后一直处于昏迷状态。

6月2日星期一,班主任去医院探望,孩子的外地亲属已赶到医院。亲属和邻居提出:6月1日是休息日,学校为什么要举办活动?老师和学生私下里也对此事议论纷纷。作为学校领导,你认为要不要把事情告知学校师生?

【切片分析】

(1) 应第一时间召开全体教师大会,告诉教师三个方面的情况:第一,事情的具体经过;第二,学校相关人员在得知情况后是如何处理的;第三,希望老师在这件事上如何同学校一道共同处理好后续事情。(比如如何做好学生的思想工作、如何正确面对舆论等)

(2) 告知师生,引导舆论,毫无疑义。但在整个事故的事实还不十分清晰,相关责任还不明确的情况下,似乎在选择时间节点上还有更多空间。

(3) 应告知,但用什么形式告知以及哪种效果更好还可以再商议,这时应充分发挥学校的几支管理队伍的作用,如年级组、教研组、党小组、教工团、班主任等等。

(4) 通过班主任,一方面借此机会加强交通安全教育,另一方面引导学生以合适的方式表达对受伤害同学的关心(当然不是要同学直接去医院)。

(5) 这样做的优点在于:一是可以正确引导舆论,避免一些不必要的被动;二是可以赢得师生的尊重,尤其是赢得教师共同和学校来处理好后面的事情。

【真实方案】

6月3日早上,学校召开学生交通意外事故应急处理领导小组会议,形成了如下决议:

(1) 班主任保持与家长的电话联系。

(2) 每天有相关教师到医院看望(结对、不轻易回答家长的问题、关注家长、及时汇报),学生暂不探望。

(3) 学校邀请律师、局领导召开法律咨询会,确定学校无责任。

(4) 召开全校教师大会,讲明事故过程,并明确这是交通意外事故。

(5) 当天下午老师到医院看望,当时交警大队也派了两位警官做笔录。

(6) 请家长在学校所借手术费用单据上签字。

(7) 利用班会课时间对该班学生进行安全讲座和心理疏导。

【专家点评】

学校的这些应对措施总体是恰当的,既维护了受伤学生的利益、抚慰到家长的情绪,也顾及了学校的权益,合情、合理、也合法。特别是第(7)条,对学生开展的安全讲座及心理疏导,更是体现出该校管理者的教育素养和管理能力。

在讨论过程中,第三位老师建议"充分发挥学校的几支管理队伍的作用,如年级组、教研组、党小组、教工团、班主任等等",这个建议特别好,完全符合校长专业标准中"优化内部管理"中对学校管理者提出的能力要求。

四、案例研讨技术的实践反思

我们在长期的干部培训实践中发现,当前的案例研讨技术或多或少存在一些问题,会直接影响到培训效果。第一,学员撰写案例时,撰写的不是真正意义上的案例,有时候会把学校的工作报告或者研究项目作为案例交上来。第二,案例的真实性存在疑问,有些学员完全虚构了案例,甚至和现实完全不符,导致案例本身没有研讨的必要性。第三,在流程式案例研讨中,案例的分组研讨有时候流于形式或流于表面,学员不能够深入地思考、论证。讨论的时候,容易出现跑题、偏题的情况。第四,学员发言的时候,不能够有条理地、有创新性地表达观点,不能够提出切中要害、有深度的问题,而且有时候提问不够客观。

因此,在新一轮的案例研讨式培训工作实践中,我们需要不断反思,以便更好解决以下几个问题,不断提升案例研讨培训的实效性。

1. 选择和撰写什么样的案例?

如何撰写出有价值的案例,是案例研讨培训获得成功的第一步。好的案例首先要是真实发生过的,是大部分学校可能都会碰到的情境。当然为了保护当事人的合法权利和个人隐私,我们可以做一定的技术处理,例如避免直接使用真实姓名、地点、时间等。其次是案例的描述要有故事性、情节性,最好能提出一种两难的情境,事件本身有一定的矛盾、冲突和复杂的关系,却并不一定要有固定的、唯一的解决方法。最后撰写案例的重点在于评析与反思部分,这部分体现了案例的价值所在。一般而言,评析与反思越全面和客观,越具有多样性和开放性,也就越具有讨论和探索的价值。

2. 如何策划和组织案例研讨?

培训者扮演着设计者和激励者的角色,鼓励学员积极思考、深度讨论。培训者要从座位的编排、主持人的选定、发言的内容和时间限制等方方面面为案例研讨营造一种良好、积极、自由、开放、争鸣的氛围,以学员为主体,让学员畅所欲言,帮助学员形成主动思考和探究的习惯。案例研讨最直接的目的是通过交流,学员能分享个人观点,拓宽实践思路,开阔思维视野,提高学校管理的科学性和实效性。在案例研讨中既可以形成"统一认识",又要允许"求同存异",因为解决学校管理问题的思路和做法永远是开放性的、发展性的。

3. 怎样让案例辐射效果最大化?

为了让案例研讨培训的辐射效果最大化,除了现场的优秀案例分享。优秀案例的评奖、杂志公开发表以及优秀案例的结集印刷或正式出版等,我们还希望学员在培训结束后,能够将案例研讨培训中获得的方法和经验,运用到自己的日常工作中,例如将案例研讨培训的技术运用到校本培训中。我们更希望通过不断的积累总结,将来能够建立一套系统完善的学校管理案例库,随时供每一位学校管理者查阅和参考,使它成为每一位学校管理者的好帮手。

第三节 学校管理案例选粹

我们在案例研讨培训的实践中,积累了一大批学校各级各类管理者的真实典型的管理案例,现从学员获奖案例中精选出 12 篇学校管理案例,仅供参考借鉴。

一、学校教育管理案例

 案例 3

从去不去培训说起

青管班学员:郑凤慧(上海市爱童幼儿园)

一、案例描述

自从我们两个幼儿园拆二建一之后,形成了新的幼儿园课程方案,在实施课程计划的过程中,我们建立了专题性的研究小组,对专用活动室活动的开展进行研讨。正巧市里有一个关于幼儿阅读活动的研讨会,在接到通知并与园长进行了一番沟通后,我们觉得还是派有这方面教育经验的教师去参加比较合适,因为青年教师没有积累,对研讨内容有时还会不理解,像这样一个面向全市的、高质量的、次数不多的活动,只有与它产生共鸣,才会有收获。经过考虑最后我们决定请两位即将要向全园教师开展阅览室开放活动的中年教师——陈老师和吴老师去参加。

参加培训的老师已经定了下来,接下去就是通知她们,这时,发生了意料不到的事情:两位老师都不愿去参加培训,她们说还是把机会让给小青年吧,让她们有更多的学习机会,多增加些信息量,这对她们会有很大的帮助,两位老师说她们已经老了,就做做绿叶,在学校里做做事就可以了。

二、分析问题

从她们的话语中,可以听出大多数中年教师的心声。的确,幼儿园工作有它的特殊性,一个萝卜一个坑,出去培训一天,回来后还得还别人为你带班的情,这是很辛苦的。随着岁数的增长,大多数中年教师都存在这样的一些惰性,工作的热情没有以前高了,就事论事,自己已经给自己定位,再也不求有更高的发展。但是,中年教师还是学校整个师资队伍的主力军,学校要发展,必须发挥这支主力军的作用,必须调动她们工作的积极性。

三、解决问题

于是,我采用激励的策略。一方面,肯定了她们的成绩,由于她们俩在幼儿语言发展上已有所作为,所以特让她们在这方面有所展示,分别开展视听阅览室与童话世界的专用活动室开放活动,至于如何使开放活动更成功,可以利用这次的培训机会,借鉴经验。另一方面,我用真诚的言语告诉她们如果有什么困难,我一定会帮助解决。

通过交流之后,她们改变了原先的想法,决定去参加培训,因为我给了她们自信,使她们觉得自己在这样一个新的环境中应该发光发热,体现出自身的价值。培训那天下午,我果然接到吴老师的电话,当时她很兴奋,说培训内容很精彩,特别是那些推荐的图书,非常好,问我能不能买几本带回来,我马上告诉她如果她认为实用就买吧!因为我知道,她已经投入到这个活动中去了,我应该支持她们。果然不出所料,在以后的专用活动室开放活动中,她们俩把培训中学到的内容充分利用,还给我们全园教师做了一次培训,让大家获益匪浅。

四、评价与反思

从这个案例中,可以看出,学校中层管理者好比指路灯,可指引着不同层次的教师不断前进。

(1) 确立共同的幼儿园愿景。

幼儿园的共同愿景体现着全体教师的一致追求,有着强大的内聚力。管理者要经常就幼儿园的前景与教师沟通,让每位教师认识到这一目标与幼儿园发展和教师个人利益都是息息相关的,使所有教师成为这一目标的自愿追求者。教师们在实现愿望的奋斗中,能够产生巨大的向心力,迸发出强大的创造力,这样便于形成良好的学习氛围。

(2) 构建和谐的园所文化氛围,建立充满活力的、和谐的人际关系。

营建和谐的园所文化是我们每个幼儿园所追求的美好愿望。在幼儿发展的关键时期,一个宽松、和谐又充满文化气息的教育环境对幼儿良好个性品质的发展以及各方面能力的发展有着重要的作用。这样一个和谐的教育氛围同样对成人也会产生积极的影响。在这样的环境中工作,教师更喜欢进行教育研究,更愿意将个人的热情投入到积极的工作中。

(3) 学会换位思考。

多从别人的角度思考问题。其实每个人干什么事情都有他自己的理由,应该互相理解。我们主张用沟通和协调的方法,创造教师之间有效沟通的机会,以尊重为先,使教师认同集体的观念,增强集体凝聚力。在人际交往中,自己待人的态度往往决定了别人对自己的态度,因此,你若想获取他人的好感和尊重,必须首先尊重他人。谨记:没有尊重就没有友谊。工作中谦虚谨慎,不恃才傲物,不苛求别人,你会发现在自己同事身上有很多闪光点值得你去学习与借鉴。

有人说:研究不是一个领域,而是一种态度。那么,我们坚信,教师们只要有了这一态度,教育研究必会获得成功,我们的教师必会在专业化的道路上越走越宽!

案例4

要科学管理,还要有一点量子思维

青管班学员:费文凯(上海市市南中学)

一、案例描述

这是几年前的一个案例。

那天，我校语文×××老师要执教一节区公开课，课题是"描写的奥秘"，这可是向区教研员和各校老师汇报我校初中语文基础性课程校本化研究成果的好机会，因此，从领导、教研组长到相关备课组、执教老师都非常重视。学校事先做了周密安排，考虑到听课人数可能高达70～80位，所以学校决定把这节区公开课安排在录播室。所有听课老师都安排在其他会议室收看现场直播，这样不管听课老师的人数有多少，我们都可以应付自如。从管理职能部门的角度出发，有关录播室的前期准备工作就由我这个分管教务的教导员负责。

接到此项任务后，我还是隐隐约约有一丝不安的，原因来自对录播室设备的不放心。

录播室是在教育局支持下我校新投资建成的一个多媒体教室，可在教师上课时进行同步直播、录播，听课老师只要在自己的办公室里就可以收看同步直播。但在使用过程中，录播室的硬件还是时不时地会出现一些小差错，如收看直播时声音会突然消失，有时图像也会消失。因此对这节公开课我还是事先反复关照管理员要仔细检查，直至当天上午管理员试运行后给我的答复是设备正常，我才放了心。

但没料到的是意外还是发生了。

开课前半小时，当我和领导在议事时，教研组长推门而入，"×××（录播室管理员）来电话说录播室坏了……"

我们一下子愣住了。

…………

片刻之后，我们反应了过来，不管怎样，先问清情况。我马上打电话给管理员，原来，当天中午，管理员提前进行了准备，突然发现不能直播了。检查，调试，再检查，再调试，还是不行，问题出在了光纤上。

怎么办？离开课还有半小时，听课老师正陆陆续续赶来。

危急之际，我们当机立断，录播室的同步直播不能用了，但作为教室还可以使用，可以安排所有听课老师到录播室直接听课。问题是哪里来这么多听课的椅子？怎么搬运？情急之下，我想到了某年级旁边正好有两个空教室，那里有椅子。

于是我们兵分二路。一路负责搬运，一路负责现场摆放。

紧张忙碌十几分钟后，我们完成了准备工作，×××老师的公开课准时开始。课后，区教研员对这节课做了高度评价，他希望这样的课程能够在整个黄浦区大规模地推进,同时兄弟学校的老师也对我校的校本教材深表兴趣,希望能够加强在课程方面的共同研修。

二、问题提出

虽然这是突如其来的意外事件,但由此引起的我们管理上的反思却是深远的。多年来,我们一直提倡科学管理,但科学管理是万能的吗?随着时代的进步,我们应该还需要有怎样的新思维?我们的管理是否也应该与时俱进呢?

三、评析与反思

如果仅仅从科学管理的角度看,我认为可以得出以下的结论：

1. 教务管理要努力提高管理人员的责任意识

我们通常说要管理育人,其实在育人的角度方面教师和教务管理人员是不同的：教师是直接在教室里通过"传道、授业、解惑"来育人,是教学育人,在育人中起着主导作用；教务管理人员虽然不是直接在课堂里,但他们服务的场所也是教室以外的课堂,是在服务育人,他们需要通过自身的工作态度、思想作风、道德修养及严格管理来无声地影响教育学生。因此教务管理人员不仅要自身熟悉所承担工作的具体流程,更要培养责任意识,管好自己的"一亩三分田"。在上述突发事件中正是我们录播室管理员的高度责任意识促使他提前发现了问题,为我们赢得了宝贵的30分钟处理时间。

2. 教务管理要切实提升教务工作的准确性和时效性

教务管理的特点有很多,其中比较突出的是准确性和时效性。比如初三、高三学生的中高考志愿填报工作,时间紧,家长的想法多变,但在时效性和准确性上不能出任何差错,否则小则影响学生个人的升学前途,大则影响全区的工作进程。因此,教务管理人员要根据这些特点采取相应的措施,在管理中除了要不断提高责任意识外,更要在某些特别重要的环节采取双保险制,如上面提到的中高考志愿填报工作,在学生志愿信息输入完毕之后,必须安排责任心强、工作仔细的人员进行核对检查,双保险制的落实从制度上保证了教务工作的准确性,极大地降低了错误率。上述突发事件中,如果事先我们有切实可行的备案的话,可能也不至于如此被动。所以,事后我们在录播室另外铺设了一条光纤作为备用,也算是亡羊补牢吧。

3. 教务管理要积极推进教务工作的规范性和前瞻性

近几年,在《市南中学管理手册》的基础上,我们不断地对相关规章制度进行了完善和细化。如录播室建成之后,我们在录播室使用的制度上做了进一步规范,从教师和管理员两个层面设计了不同的表格,规范了录播室使用的程序,教师应该怎样操作、管理员该做哪些工作等这些制度的设立和落实保证了录播管理的规范,这些细化和完善使教务工作的规范性得到了加强。前瞻性也是如此,在上述突发事件中,如果我们有一个能容纳百人听课的教室,那么情况就会好很多。

因此上述案例既证明了科学管理在学校管理中的基石作用,也告诉我们科学管理不是万能的,教育在不断渐进式地改革,学生的个性化发展又充满变化和不确定性,这时可能需要我们在管理中运用新的思维方式。

新思维来源于当代科技的发展。众所周知,20世纪最大的变革是量子时代的到来,量子物理学强调不确定性,强调动态,由此产生了全新的量子思维。与强调规则和标准的科学管理思想相比,量子思维有助于在变化的环境中解决学校在创新发展上遇到的瓶颈,解决学生的个性化发展问题。

比如校本课程的建设,沿用科学管理的思想是自上而下地操作,教师只需听令行事,这样行政性的管理,会令教师的积极性打折扣。如用量子思维,学校只是建立管理的机制,提供平台,尽可能满足教师对资源的需求,其余一切都交给教师,给予他们一定的权限,那样教师可能就会有动力和空间,充分释放自己的才能。

对教育行政部门而言,在每个学校的多样化和特色化发展中,在每个学生的个性化发展中,有一点量子思维也许能够弥补科学管理的不足。

站在新时代的新起点上,学校管理要有科学思维,还要有一点量子思维。

 案例 5

"家园课程"提升人文素养,和谐文化缓解职业倦怠

工会主席班学员:黄玉霞(上海市储能中学)

一、案例描述

"难以承受之重……"

早上5点45分,刘老师轻轻地起床,爱人和孩子还在熟睡中。学校离家有点远,她要尽快赶上6点10分的地铁,以保证7点钟左右到学校。她是高三班主任,匆匆地在学校吃完早饭后,早上7点20分要带领学生上早自习。

上了一天的课,连中午午休时间也奉献给了几个成绩偏差的学生,需要对他们额外进行辅导。一天的工作像打仗一样,一直忙到晚上6点,拖着疲惫的身躯挤着地铁回到了家里,已经快7点了。丈夫有点不高兴,因为婆婆病了,但是她却一直没有过去看看。孩子正读初中,她刚想去看看孩子的作业,关心一下他最近的学习情况,这时电话响起来,是一个家长打来的,那是一个单亲家庭的学生家长,遇到问题第一时间总是找她这个班主任……看着闷闷不乐的丈夫,看着习以为常的孩子,她突然觉得很累、很烦,她只想静一静……

刘老师已近40了,是学校的骨干教师,曾被评为区优秀班主任。想想前两天参加的同学会,看到其他同学的发展,心里的不平衡又被强烈地激发起来。反思自己,工作的时间越长,心里的不平衡越强烈,工作的热情也越消退。做教师实在太忙了。她已经做了15年的班主任,又兼任2个高中班的语文老师,每天忙得团团转。她仔细算了一下她要做的工作,包括教学(有备课、讲课、批改作业、辅导学生、查阅资料、出练习题、出试卷)、学生管理(有课堂纪律管理、学生行为管理、班级管理、家校沟通)、课外工作(有兴趣小组和活动课、学生课题指导、学生比赛、学生社会实践)、学校任务(有学习、开会、进修、科研、应付各类检查等)。这么多工作到底有多少是有实际意义的,她没有时间思考。她觉得自己有点讨厌这个职业,压力总是那么大,尤其是她觉得年纪大起来了,精力没有以前充沛,有些力不从心,有时她真想停下来休息一下,想轻松地去看场电影、逛逛街、陪陪孩子,想到要永远这样做下去,真是没劲。

二、问题提出

刘老师是无数个中小学一线教师的缩影,她的生活也是我们身边真实的教师工作、生活的写照。她的无奈与厌倦,正是职业倦怠的表现。"采得百花酿成蜜,为谁辛苦为谁忙?"有媒体称,教师是接近"心理枯竭"的高危人群,四面出击,八面受敌。而近期有关机构开展的中国教师职业压力与心理健康大型调研显示:82%的教师感觉压力大,50%的教师缺乏工作成就感,10个教师中有3个倦怠工作。

在当今社会思想观念大碰撞,文化价值大交融的背景下,随着教育改革不断深入推进,受工作环境、经济待遇、评价压力、社会风气等多方面影响,许多老师或多或少地处在这样一种职业倦怠的状态中:头脑中似乎存在着一种模糊的意识,这种意识是一种不确定的苦恼感。害怕工作、感到筋疲力尽、不关心学生,他们对工作表现出不满,而且逃避社会工作。随着这种不确定的苦恼感的增强,工作中、家庭中的问题似乎越来越势不可当、难以克服了,工作表现逐渐变得更糟。教师们个人成就感丧失,感到无能为力、不能胜任工作,经常请假仅为了有个空闲周末或假期,盼望着退休……教师职业倦怠问题已成为教师工作中的普遍问题,它不仅影响教师自身潜能的充分发挥以及教师的工作能力和工作效率,更直接影响教师的身心健康,影响教书育人的百年大计。因此,缓解教师职业压力,增强教师职业幸福感应该成为每一个学校管理者认真关注的问题。

三、评析与反思

综合目前国内外关于教师职业倦怠现状的研究,造成教师职业倦怠的原因主要有四方面:教师个人、职业因素、社会因素和学校组织气氛因素。在这几个因素中,我认为学校组织气氛因素对于教师职业倦怠起着决定性的作用。学校组织气氛,是一所学校区别于另一所学校的内部心理特征,既包括学校管理中对教师的支持、监督和限制,也包括教师同事之间亲疏、合作等关系。有研究表明,学校的组织气氛开放度越高,教师的工作压力越低;相反,学校的组织气氛开放度越低,教师的工作压力越高。教师若长期处于工作压力之下,无法采取有效的对应机制来处理压力来源,将可能导致教师工作倦怠。

家是温馨的港湾、力量的源泉、发展的基础。能否把家的因素引入学校的组织氛围、文化建设中,来缓解教师的职业倦怠呢?如果每一位老师都把学校当作自己的家,由此而生发出来的激情和动力一定是不可估量的。如果每一位老师能在"家"的氛围中丰富精神生活,提升人文素养,感受温暖与快乐,那他们一定能够从学校工作中获得乐而忘忧的源源不断的动力。为此,我所在的储能中学工会在党支部的领导下,在教工中开设系列"家园课程",着力以课程为载体,构建教师队伍"家园文化"。通过把"家园文化"元素带入校园,努力营造和谐的校园氛围,催生教师精神动力,缓解其职业压力,增强其职业幸福感。

自2015年2月起,储能中学工会已连续6个学期在教工中开设系列"家园课程":以一学期为一周期,学期之初开出课程菜单,由教师申报,学期中间开展,学期结束进行总结与奖励。课程有制度保障,工会以及部分行政部门出经费予以支持。课程的实施与开展呈现以下特点:

(1)"家园课程"系列化。

"家园课程"涉及艺术类、体育类、制作类、实践类、学习类五大类。每一类别开设2~3门课程,每学期共开设10~12门课程。这种课程设计注重了教师艺术修养、身体素质、实践能力、动手操作能力以及文化素质的培养,鼓励教师爱生活、爱健康,在潜移默化中引导教师形成丰富的精神生活,不断形成提升自身修养的价值追求。

(2)"家园课程"学分制。

"家园课程"每门课程均设学分,所有课程有选修、必修之分,如温馨建家、广播操即为必修课程。教师参与项目以学期为单位统计学分,原则上每位教师应参加三大类活动,总计5分以上为合格,学期结束视情况评出优秀学员及积极分子,教师参与情况记入文明组室创建评选之中。学分制的推行,使老师们热情高涨,每学期达到5学分合格的比例均在97%以上,个别教师甚至有满分的记录,这从侧面反映出课程的设置受到老师们的喜爱。

(3)"家园课程"常态化。

"家园课程"的所有课程均为活动形式,老师们在做中学、动中乐。为了使教师选择课程更方便,课程的时间尽可能布局合理,并争取行政支持,保证必修课程的开展。同时,"家园课程"大部分的课程要合作完成,更呈现出一种素质与文明。各类活动直接与文明组室创建相结合,如"我爱我家"摄影评比、"阅读中汲取教育智慧"读书征文活动、教工趣味运动会等等,"家园课程"引领着一种积极向上的精神文化氛围。

(4)"家园课程"个性化。

近两年的"家园课程"除外出参观和高雅艺术欣赏外,所有活动涉及的指导教师均为本校老师。如化学老师教授老师们进行"手工皂制作",体育老师担当太极拳、乒乓球教练,有特长的老师教授瑜伽、制作蛋糕和饼干,喜欢花草的老师教授大家水仙花雕刻……还有的项目大家都没有学过,如手工串珠、冰皮月饼制作等,于是工会干部先摸索实践,然后教给大家……这就是一种"家园文化",家中的兄弟姐妹互相学习,指导上课的老师手把手地教,有一种骄傲与被认可的满足感;听课的老师开心地学,毫无隔阂,互相切磋,教与学中洋溢着一种自由与快乐。

(5)"家园课程"团队化。

"家园课程"的重心在"家园",要让老师们感受"家园"的温暖与快乐。因此,许多课程的设置以团队为主,如温馨建家是以工会小组为单位建"小家",趣味运动会是以工会小组为单位进行跳长绳、海底传月,广播操是以工会小组为单位进行统计与评比等。工会小组是"小家",老师们在"小家"中一起包饺子、唱卡拉OK,一起参观实践,一起摄影采风,"小家"汇聚成"大家",家中的欢乐多了,家人们的距离近了。

近三年,储能中学的"家园课程"共开发了 30 余门系列课程,并形成了系列制度及保障机制,全校教工参与率达到 100%,3 000 多人次教工参加了不同类型的课程。"家园课程"引导教师冲出职业倦怠感的迷雾,体验职业幸福感。它让学校教工文化活动更加丰富,教工精神面貌积极向上,让老师们感觉到在学校里更加开心愉悦,职业压力得到有效缓解,同事关系更加亲密,学习中也有了素质的提升。通过"家园文化"的营建,老师们对储能家园的认同与归属感进一步提升,课程也成为文明组室以及文明单位创建的重要抓手,进一步增强了储能家园的凝聚力,提升了教师的职业素养,形成了浓厚的和谐校园文化氛围,促进了学校和谐可持续的发展。

案例 6

新人事如何尽快适应岗位

人事干部班学员:张贤芬(黄浦区教育培训咨询服务中心)

一、案例描述

小 M 新上岗从事人事工作,平时工作较为勤奋,单位安排了一位很有经验的带教老师帮助她尽快适应岗位。在前任将工作移交清楚后,小 M 就此上岗。

适应岗位的过程就是边完成工作,边积累学习。做干部年报、工资年报,核定月度工资,上报实名制信息,申报月平均工资,每一项工作对小 M 来说都是全新的。小 M 认真听取带教老师的教诲,一步一步推进,一项一项完成。因人事工作关系每一位员工,小 M 不敢有半点马虎。

适应的过程毫无悬念地遇到一些问题。比如新一年的绩效工资的分配,奖励性绩效和基础性绩效的比例需要符合本单位绩效工资实施办法的规定。又比如如何切实执行上下班及请假制度的规定,是扣工资还是奖金等。

要弄明白如何分配绩效工资,必须深入了解本单位的绩效工资实施办法,哪些是奖励性绩效,哪些是基础性绩效。小 M 很幸运,一方面得到带教老师无私的经验分享,一方面得到单位领导和同事的理解和包容。经过一番计算,新一年的分配方案得到单位领导和同事的认可。

对于扣工资、奖金,没有人愿意被扣。如何切实执行本单位上下班及请假制度的规定,如何让每个员工都心悦诚服,小M也是花了心思的。制度的存在不是为了扣谁的工资、奖金,而是要让大家遵守制度,提升单位整体的工作效能。所以问题的关键是让大家知道如何遵守制度,不被扣钱。经过一段时间的实践,该项制度执行情况较好。

二、问题提出

人事工作关系一个单位的整体工作效能和每一位员工的切身利益。其重要性不言而喻。工作过程中,对程序的要求特别高,程序必须做到清清楚楚,否则就有可能产生各种矛盾。从知识和能力储备来说,人事不但要熟悉各种法律政策,还要掌握一定的信息化技术,具备一定的沟通协调能力。

就本人了解的情况来看,目前一般采取以老带新的办法,通过大约一年的时间,帮助新人事熟悉人事工作的普遍性程序和要求,同时帮助新人事熟悉所在单位人事工作的情况,做到无缝对接。

本文提出的问题是:这种以老带新的做法有没有制度保障?如果没有,有没有其他办法或者途径帮助新人事尽快适应岗位呢?更进一步的问题是:新人事应该如何尽快适应岗位呢?

三、评析与反思

以老带新的做法是目前看来帮助新人事尽快适应岗位的最佳做法,因为带教的过程不但是知识的传承,更是经验的传承。案例中小M这个新人事虽然有一位很有经验的带教老师,但并不是传统意义上的以老带新。那这个单位为何没有采取传统的以老带新的做法呢?其中的原因我们不得而知,但有一点是肯定的,那就是这种做法缺乏制度的保障。因此本文的第一个建议是应当建立新人事第一年工作以老带新的制度。在制度的约束下,保证新人事尽快适应岗位,保证所在单位人事工作无缝对接。

排除主观原因,我们应该看到客观原因也是造成传统以老带新做法无法全面推行的原因之一,如老人事的身体原因、年龄原因等。如果实在没有条件做到以老带新工作一年,有没有其他办法或者途径帮助新人事尽快适应岗位呢?目前已有的4个途径是:我们系统内全部单位人事的QQ群,教育学院组织开展的人事培训班,人事科组织的各类会议和培训,块长制度。仔细分析这4个途径,我们看到优势和劣势相当明显。QQ群的优势是能及时、便捷地互帮互助,劣势是具体问题可能无法详尽描述。人事培训班的优势是能专业、系统地传递知识,劣势是开班时间固定,无法及时满足每一个新人事个体的培训需求。人事科组织的各类会议和培训的优势是所传递的信息最实用、最高效,劣势也是无法满足每一个新人事个体的培训需求。块长制度的优势是所能给予的指导更具体,劣势是块长本身精力有限,分身乏术。综合来看,应当说 4 个途径并行的情况下,新人事是可以得到较充分的支持和帮助的。但是我们不能排除在某一个时间段里,4 个途径中仅有 2 个或者 3 个是有效的,我们暂且称之为"支持不足的时间段"。对于要求甚高的人事工作而言,在支持不足的时间段里,新人事所面临的压力和风险是可想而知的。因此本文的第二个建议是应当建立 4 个途径的长效机制,为新人事适应岗位第一时间提供足够的支持和帮助。

前面的两点都是从外因角度考虑如何为新人事提供足够的支持和帮助。从内因角度考虑,新人事本人应该如何尽快适应岗位呢?案例中小 M 属于勤奋型员工,这也是单位选择她担任人事的原因之一。除了勤奋,新人事还需要做哪些努力呢?从小 M 成长的路径来看,责任感、细致、不断积累、换位思考也是需要的。本文的第三个建议是可以拟定一份新人事岗前须知,将各种知识、能力和素质的要求列明,使得新人事本人有足够的内因动力和思想准备。

综上所述,新人事如何尽快适应岗位是一个需要引起关注的问题。这不仅关系到一个单位的整体效能,更关系到每一个员工的切身利益。最优的做法是传统的第一年以老带新,建议建立相关的制度,同时建议建立 4 个途径的长效机制,为新人事适应岗位第一时间提供足够的支持和帮助。在此基础上,建议可拟定一份岗前须知,使得新人事本人有足够的内因动力和思想准备。

案例 7

总得让人"心甘情愿"吧——我的管理小故事

上海市第四聋校　章苏妮

第一次真正认识到"管理不简单"是若干年前自己做教研组长那会儿。我们的学校学生少,一个年级就一个班级,所以副科老师也很少,于是,一名英语教师,一名心理教师,两名科学教师,两名电脑教师,两名思品教师,凑成了一个综合教研组。

组内的老师工作都很认真,善于思考,把自己的学科教学搞得有声有色。作为教研组长,日常的教学管理其实并不困难。但是遇到集体教研活动,可让人头疼了,理论学习缺乏针对性,只能找点笼统的东西大家泛泛而谈。最让大家畏惧的是集体听课,"听不懂"是普遍心声,这也难怪,我们组有一个只学过俄语的科学老师,用她的话来讲:"听英语课就是听天书!"

久而久之,大家都对集体教研活动敬而远之。可学校对教研组建设有要求啊:每个教研组都要根据学校主课题,以课题研究的形式开展系列教研活动。作为教研组长我也很痛苦,绞尽脑汁定了一个"运用课堂观察技术改进聋校综合学科个别化教学的案例研究"课题。本以为这个课题在教研组是很难推进的,未承想最后带给我不小的惊喜。

[找一件大家都能做的事]

刚听到"课堂观察"四个字,组内老师的内心是崩溃的:课都听不懂,还要观察?

身为组长的我从自己的英语学科入手,思考怎样让所有的老师都能参与到课堂观察活动中。我将组内的教师分为两批:一批是和自己教学理念相仿,能听懂英语课的老师;另一批是英语基础不佳,对英语课不感兴趣的老师。我从聋校语言教学入手,以语音作为切入点,请第一批教师观察执教者的课堂语音指导行为,对于第二批教师,请他们聆听学生朗读新词时的发音,判断学生的发音是否正确、矫正的发音有没有改进。对于课堂观察表的设计,我也以简单的勾选形式呈现,方便教师记录。

在课前会议上,大家空前认真,特别是那些平日里听不懂英语课的老师们,他们表示判断学生发音正误还是能做到的,而且需要听的单词也不多,他们很乐意学习一下这些新单词。

观课的时候,老师们的参与度明显提高了,并在课后会议上就学生们的发音情况表达了自己的想法。

原以为做不到的课堂观察,成了!

[寻一个能激发斗志的人]

当英语课堂观察成功施行后,我决定趁热打铁,找到教研组一位科研"大神"谈合作,从其学科入手,开启第二轮课堂观察活动。结果惨遭拒绝——"大神"表示手上有两个独当一面的课题,我的这个课题来不及弄。

我捧着教研组名单筛选了一遍又一遍,选中了一位科研"菜鸟","菜鸟"同志对教育科研充满热情，奈何一直无法入门，曾几次向我提出如果有课题，希望加入。

和"菜鸟"的合作堪称痛并快乐着，许多地方都需要我亲力亲为，但是"菜鸟"有颗上进的心，会主动查资料，认真备课并确定观察点，编制课堂观察表并不厌其烦地修改表格，有问题也能及时与我沟通，并求助教研组其他老师。结果，第二轮课堂观察的效果颇为理想。

或许是看到"菜鸟"同志表现优异，组内其他教师有些坐不住了，再次找"大神"谈合作时，"大神"爽快地答应了下来，不多时就拿出了第三轮课堂观察方案。

接着，第四轮，第五轮……第 N 轮的课堂观察都顺利完成！

[提一些执行度高的要求]

写课例和个案又是一道坎，"无从入手"是大家的普遍想法，作为教研组长和课题组长的我需要尽可能地指出一条"创作明路"。

首先，从减轻教师负担的角度，我考虑将课题课例和每学期学校要求的教学课例合二为一，让老师们一稿两投，在期末繁忙的工作中稍微透口气。

其次，基于课题推进和结题的需求，我逐一和教师们进行沟通，共同挖掘各自学科在研究开展过程中的亮点与生成性的问题，确定撰写方向，凸显课堂观察技术在不同学科和不同教学阶段的作用，以及最后对个别化教学的影响。

最后，我从课题结题附件要求的角度出发，统一课例和案例的体例。例如，请老师们按照"教学背景—观察点选点说明—观察表的设计思路—观察结果分析—教学建议"的格式撰写课例，这种预定小标题的形式能帮助老师们厘清课例撰写思路，降低撰写难度。统一体例的文本也利于教师在互相交流中发现对方的优点和自己的不足，还能让结题附件看上去整整齐齐、漂漂亮亮。

感谢我们教研组的所有老师，得益于在研究过程中与他们思想的碰撞，还有主题鲜明、格式统一的课例和个案，课题顺利结题，并获得了不错的评价。

回想起课题开展的点滴，我们的教研组老师由听不懂对方学科到能倾听彼此的课堂，在带给我惊喜的同时，也让我有了丝丝体悟：作为教书育人、劝人上进的老师，自己又怎能不思进取？有的时候可能是环境不对，有的时候可能是方法不对。作为管理者也需要尝试走进他们的内心，探索问题症结，找一件大家都能做的事，寻一个能激发斗志的人，更重要的是做好顶层架构，下的指令清晰明确，执行度高，减少返工的情况。让老师们知道自己有能力，明确自己做什么，而且做的不是无用功，他们才可能心甘情愿地去做。

二、学校人事管理案例

案例 8

入职培训≠制度学习

人事干部班学员:周英(城市花园幼儿园)

一、案例描述

新学期过去两周了,在幼儿园核心组会议上,我们讨论了两位新进教师的工作状态。任园长说:"我去巡视的时候,发现中二班的 A 老师在上课的时候,给孩子们上的是语言课,自己坐在桌子上,用手机给孩子播放故事,声音特别轻。当时我就进去跟她说了,她还有点不开心,还跟我说'这里的白板不会用'。"这时候,施老师也说了一件事:"是呀,新进老师似乎确实有点问题,早上我在小一班门口,看到乐乐奶奶送乐乐进入教室后,乐乐很开心,今天又是第一名,可是 B 老师打了个招呼就一句话也不说了,站在旁边尴尬得很,幸亏李老师走过去和乐乐、奶奶一起聊了聊:'今天起得这么早啊,昨天晚上一定睡得也早。'奶奶很开心:'是呀,昨晚特别听话。'"

在会议上,两位园长问我这个人事干部了:"小周,这两位新老师进来后,感觉她们对我们的进班要求不是特别清楚啊,你要想想办法啊,是不是要培训一下?"

这时候,大家都纷纷发表意见:"对新进教师一定要培训的,不管对于有工作经验的老师,还是应届大学生,这都是一个全新的工作,他们需要幼儿园把关","虽然 A 教师有五年教龄,但是各个幼儿园的要求不一样,所以你不培训,就可能出现这样的问题","其实现在培训都稍微有点晚,应该在开学前就做"……

在会上,我这个新手人事顿感"压力山大",入职培训我确实做了,但是我做的只是相关规章制度的培训,并没有涉及教师进班实务的培训。面对新老师的困境,面对领导同事的疑问,我也陷入了思考。

二、问题提出

作为人事,我知道岗前培训是分内工作之一。在对新教师培训的时候,我介绍了幼儿园的各项规章制度,如班主任岗位职责,包括师德理念、保教工作、安全、卫生及财产保管工作、家长及信息工作、学习态度等,还包括上下班时间及签到制度、病假事假及调休制度等。这些看似非常全面,但是对于新教师而言,仅仅停留在文字上,还没有真正地落实到教育教学工作中,让人有点一头雾水,又有点茫然,正所谓"花非花,雾非雾",似懂非懂,难免出错。

由此可见,入职培训不仅仅是制度学习那么简单,要提升新入职教师培训的效果,让这些新教师不再犯这些低级错误,工作起来得心应手,确实还有很多工作要做。但是最重要的一点,就是提高入职培训的针对性与有效性。

三、评析与反思

入职培训的效果是影响新教师能否适应本园教育教学工作秩序的关键因素之一。而入职培训的效果,则受到培训内容、培训方式、培训主体以及新入教师自身多方面因素的共同作用。因此,我从以下几个方面进行了分析与调整。

(1)岗前培训内容与时俱进。

虽然我们的岗前培训内容涉及教育教学,但是由于幼儿园相关规章制度的制定已有一段时间了,即使根据政策的变化做过一定的调整,也不可能将幼儿园教育教学所有的问题都写入其中,譬如说对幼儿园新引入的教学设备(电子白板)的使用。所以在培训的时候,信息技术的使用是缺乏的,也就导致上述案例中出现了A教师的现象。

因此,对新入教师的岗前培训应该紧紧追随教育教学实践的变化与需求,为教师提供必要的帮助和指导。因而,我对岗前培训的内容重新进行了梳理,将信息技术设备使用、老师行为规范、家长接待经典案例等内容都纳入其中,让新教师对一日活动的责任做到心中有数。

(2)岗前培训主体来源多元。

所谓岗前培训主体来源,指的就是培训人员。一般来说,我园对新入教师的培训均由人事干部完成。然而,人事干部培训既有优势也有不足。其优势在于对各项规章制度相对比较熟悉,解释起来比较得心应手,不足则在于对教育教学任务、设备使用等方面不是特别精通,无法真正发挥培训者的重要作用,针对性与实效性也不一定强。因此,我们幼儿园从今年开始,对新入教师、保育员进行培训的培训者也有了新变化,不仅有人事干部负责制度学习与解读,还有保教主任负责教育教学实践要求介绍,总务老师负责幼儿园教育教学设备介绍,最后家教组长则从家园沟通的角度,帮助新教师了解怎么做一个让家长满意、能指导家长育儿的老师。大家各司其职,相互合作,共同帮助新进人员尽快适应新的工作状态。

(3) 岗前培训效果依靠多沟通常反馈。

对新入职教师的关心与培养,不是通过一次培训就能完成的,还需要做到经常性地与其沟通反馈,了解其在工作中的问题。可以采取以下几种方式:首先利用空余时间让老师聊聊在工作中遇到的困难与问题;其次是通过日常巡视,现场发现问题并及时解决;再次是用听课评课的方式,帮助老师发现在一日活动、集体教学等活动中存在的问题。就这样,通过经常性的反馈与沟通,及时肯定优点,纠正偏差,解决新进教师在角色转换、环境转换等方面的适应问题,让其跟上本园的工作状态,保证教育教学质量。

(4) 新进教师自身也要善思勤问钻实践。

新进教师的自身素质才是其能否顺利适应工作状态的关键。正如前文案例中提到的 A 教师那样"这个电子白板我不会用",不会用不是不用的理由,问过搭班老师了吗?问过其他老师了吗?问过总务老师了吗?显然都没有,其实只要她主动问问其他老师,就会很容易地解决这个问题,不会出现用手机播放故事的场景。同时,新老师也要在一日活动中多思考,如自己与搭班在一日活动中有什么区别、为什么家长不信任我等,其实不难发现问题所在。

总之,对于新教师的引领与帮助,需要多方协作、内外互通,要充分调动新入教师的主动性,多思考、多实践,多沟通、常反馈,共同提升教育教学质量。

案例 8

让事实说话

——退休教工待遇问题信访案例

人事干部班学员:翁晓川(上海市黄浦区董家渡路第二小学)

一、案例描述

2012 年 3 月,上海市开始落实规范事业单位退休人员补贴的有关规定。这次规范事业单位退休人员补贴的工作,是在梳理归并地方和单位津补贴的基础上,由上海市出台统一的补贴标准。规范后的收入,由国家规定的基本退休费和退休人员补贴两部分组成。国家规定的基本退休费是以退休人员本人档案记载为依据,通过信息摘录,由社保通过计算机的操作计算得到每个人的收入。退休人员补贴标准,按退休时的职务(职级)对应本市规定的补贴标准确定。

2012年6月25日,退休教工某女士来访,在确认规范后的工资后,她反映之前每月工资都有错,且2004年至今所有工资单她都保存着,她有凭据。某女士是原×××小学职工,2010年9月×××小学拆并,部分职工归入我校,部分归入××小学。当时,退休教工工资档案都打包放在××小学保存。针对这一情况,学校马上联系××小学,要求协助查找其工资存根。6月29日,××小学财务(原×××小学财务)将其工资存根全部找出。我校立即派工会主席、原人事干部和李老师(原×××小学人事干部)去××小学,将某女士退休前的工资存根复印后带回学校。而后,由我和工会主席、李老师将某女士的工资存根和人事档案进行核对,最后结论:完全符合要求,没有错误。

2012年9月3日,某女士来访,我将翻查结论告诉她。某女士当即要求支部书记落笔写下"某女士工资完全没有错误"的字条,遭到拒绝。问她错在哪,能否提供保存的工资单,她推说找不到了。而后提出2012年三个月补发的工资应是整数,有零头肯定是补发不对,并提出要看工资调整的一人一表。我告诉某女士档案有保密制度,并答应她去社保了解核对补发数额后再答复她,让她回家等消息。

2012年9月7日,某女士来访,我告诉她学校在本次规范退休人员津补贴工作中是严格按政策操作执行的。她原社保卡上的工资是岗位工资545元加薪级工资455元,打八五折,再加上粮油补贴6元,实际所得856元。另外,我们经社保核实还向她解释了为什么补发三个月的工资有1角的原因,因为她现有月退休工资总计3 176元,减去2012年社保发养老金2 267.9元和2012年平均生活补贴668.4元,得出239.7元的每月月差额,乘以3个月,最后合计补发719.1元。但是,某女士听后,还是对自己工资有所怀疑,仍要求查看工资调整一人一表。

2012年9月18日,某女士来访,学校出示了某女士在本次规范退休人员津补贴工作中的"国家规定的退休费明细表",并再次对其工资做了一次同样的解释。但是,某女士仍强调工资错误,并提出2010年、2011年事业单位退休人员补贴应为月差额乘以月数。随后,某女士至黄浦区教育事务受理中心反映退休工资发放错误。2012年10月11日,校方就她具体情况进行书面情况说明并对其本人书面答复。

2012年12月,某女士信访至上海市社保中心,黄浦区社保中心来电询问有关某女士的相关情况,学校根据某女士的情况如实答复。

2013年3月,某女士仍然就着这问题信访至上海市副市长,另对教育局做出的黄信(区)2013000029号信访答复意见表示不服,她向上海市黄浦区人民政府申请信访复查。在与某女士一系列的沟通中,我发现某女士每次就相同问题不断信访,每次做好解释工作后,她仍旧揣着明白装糊涂,一口咬定学校有错,问她"错在哪里?"她又支吾不清,属于典型的"难缠户"。为此,我以数据为事实依据整理了某女士2008年7月至2013年2月的所有发放情况及拆并校后某女士多次的信访情况,交至区政府信访处。经查,区信访处认为学校发放的退休人员补贴符合相关规定,某女士所述克扣退休工资无相应事实印证,因此维持教育局做出的信访答复意见。

2013年10月30日,某女士电访教育局人事科,表示自己在职时三十年工龄岗位津贴未调整,原工资有错。我随即又查阅了某女士的人事档案,发现某女士至2005年1月工作年限满30年。学校已经于2005年1月根据《二〇〇三年职务(岗位)津贴标准》对某女士的岗位津贴按规定进行了调整,由原每月职务(岗位)津贴655元调整至职务(岗位)津贴720元。经查,2005年1、2月份某女士工资已经按调整后的职务(岗位)津贴发放。我于2013年11月7日以"情况说明"的形式上报教育局人事科。

2014年5月,某女士信访至上海市黄浦区人力资源和社会保障局,表示自己在职时三十年工龄岗位津贴未调整,原工资有错。我在前次说明的基础上将当时发放的具体数额、补发的具体数据一一罗列出来,并提供当时补发时由某女士亲手签名的付款凭证及工行的代发工资处理联系单。我于2014年6月26日再次以"情况说明"的形式上报教育局人事科。

至此,近两年的退休教工某女士就工资待遇问题的信访答复暂告一段落。

二、案例分析

踏上人事岗位已经五年半,深感人事工作的烦琐。尤其是处理信访工作。退休教工某女士就工资待遇问题的信访是我人事信访工作中很重要的一段。整个过程历时两年,但通过这段时间的翻查、整理、答复,我深深地认识到信访工作的重要性。我接触了很多人,经历了很多事,学到了很多在学校学不到的知识。

第一,尊重事实,让事实说话。像这次退休教工某女士就工资待遇问题信访,就属于典型的"难缠户",要在其工资材料的收集、整理、梳理上格外认真仔细。我每一次都要耐心接待,面对某女士就同一问题向不同层面信访,我首先要了解她的具体情况,然后再根据工资材料还原事情的真相,并通过有条理的书面文字让上级部门了解其真实情况。与此同时,我也根据自己查阅梳理的情况客观地给予某女士答复,通过事实证据让某女士信服。

第二,要想做好信访工作,只有真诚和热心是远远不够的,还需要加强自身学习,熟悉和掌握有关信访政策和法律法规。信访工作的归宿和落脚点就是依据政策规定帮助群众解决生产生活中的问题,为民办好事、办实事,针对来访群众的思想认识和实际问题,尽力多做解疑、释惑、顺气工作,努力真正做到想群众所想,急群众所急,帮群众所需,解群众所难,实实在在为群众办实事、办好事。

第三,通过锻炼,我增强了公仆意识,组织协调能力得到提高,使我与上级领导和相关部门的工作关系更加融洽,提高了在纷繁的事件中驾驭工作的能力,这为我今后开展工作创造了有利条件。

案例 9

加强档案意识,让学校发展步步留痕

青管班学员:张岚(市八初级中学)

一、案例描述

2015年春季学期开学后的某日,上海市浦东中学校办来电联系,希望能与我校交流一下关于杨斯盛先生毁家兴学的这段历史以及今日两所学校的发展情况。这要从我们两所学校的发展历史说起。浦东中学是由中国近代建筑家杨斯盛先生出资创办的,并聘请了黄炎培等一批优秀的师资来校任教,办学成效显著。在成功创办了浦东中学后,杨斯盛先生家属又遵循杨先生的遗愿,在黄浦江西岸的老南市区创办了民办斯盛中学,即今天市八初级中学的前身。

浦东中学校办来校交流时带来了他们学校近两年整理的一些关于学校建校初的翔实的资料以及一些实物资料的影像,此时我们才汗颜地发现,我校经历了三所学校拆并后,关于原斯盛中学的历史资料几乎无一保存,只留下了一块黄炎培先生题写校训的牌匾。这一次尴尬的交流让浦东中学的老师略感失望,也让我们认真反思了自己的工作。在学校发展中,档案积累是十分重要的,这不仅是记录历史,也是学校常规管理中的一个重要组成部分,它翔实记录了学校发展的历程,是展示学校办学情况的一个重要信息库。要加强档案管理,这不仅有助于对学校教育教学各方面进行资料的及时积累,更有助于推动学校办学水平向更高层次发展。

二、问题提出

学校发展涉及多条线、多个部门,如何加强档案资料的及时整理与有序积累?

三、评析与反思

1. 现状评析

(1) 学校的常规档案完成情况良好,但各部门开展专项工作后及时整理活动资料并归档的习惯尚缺乏。

(2) 教师个人档案中常有资料不全的情况,往往是到评级评职称时再去四处补各种材料。

(3) 学校教学视频资料留存很少。

(4) 媒体宣传报道学校工作以及学校与外校交流的资料没有及时归档。

2. 实践反思

针对以上几方面问题,校务办与档案室多次沟通意见后采取了一些改变措施。

(1) 重新梳理档案管理体系。校长主管,校务办公室和人事室共同分管档案室工作,各行政部门具体落实并明确一名责任人,档案员进行业务指导和把关。

(2) 强化档案管理意识。每学期开学和学期结束前两周的行政会上都会友情提醒各行政部门及时做好资料归档,提醒归档资料。

(3) 做好档案预立卷。做好预立卷归档工作是档案管理的基础。根据《立卷归档制度》,要求按时立卷,年年清。我们采取部门立卷和校档案室归档相结合的办法。要求各部门档案责任人要在一项工作结束后及时收集材料,做好预立卷工作。每学期结束前一周,整理好材料交档案室归档。

(4) 个别项目专人负责。针对影像资料缺乏的情况,学校安排专人负责摄影、摄像,并计入工作量,从绩效方面保证了负责教师的责任心,同时,我们也从档案要求的角度对这些教师进行培训,有效地提高了学校教育教学"留痕"的效果。针对教师业务档案资料未及时补充的情况,学校明确了相关行政部门分别负责做好教师开课证明、讲座证明、带教证明、指导学生获奖或教师个人获奖情况统计等资料的及时入档。针对媒体宣传以及对外交流的资料不齐全的情况,也明确了此类工作的申报、安排流程。

（5）建立电子档案平台。根据目前学校工作中大量使用信息化平台的现状，我们加强了校园网中建立电子档案的功能，完善了新闻快讯、通知通告栏、校史沉淀、校务公开、组室动态、学校档案等栏目，使其在展示学校工作的同时也起到了资料留存的作用。

档案管理是校务办公室负责的工作之一，在管理过程中所反映出的问题具有一定的普遍性，对其他工作的开展也是一个借鉴。任何一项工作要做到系统、规范，首先要有完善的制度保障，其次要将工作细化、分解，需要各个职能部门共同完成的就要责任到人，加强指导和监督。从随意到规范的过程起步会很艰难，但坚持一步步做下来，规范成为共识，管理的水平也自然会上一个台阶。同时，对于学校发展而言，每一个阶段都留下记录，每一步脚印都留下痕迹，这也会成为学校宝贵的财富，为今后的发展提供更全面的认识。

案例10

责　任

人事干部班学员：李娟（徽宁路第三小学）

一、案例描述

××，1979年出生，1997年7月参加工作。

2012年9月××发现社保寄给她的"养老保险个人权益记录单"的实际缴费月数比应该缴费月数少了2个月。当月××找到我，要求单位处理这件事。

于是我仔细看了看当事人提供的"养老保险个人权益记录单"。记录单上写明：截至2011年12月31日累计缴费月数为172。我算了一下，其累计缴费月数应该为174个月，比应该缴费月数确实少了2个月。当时我有点犯难，我虽然不是当时的办事人员，但作为一名现任的人事干部，目前具体负责单位的养老金缴费工作，职工发现有问题要求单位解决是合情合理的，可我当时刚从一名普通教师转型为人事干部，真的不知从哪里入手解决这事。

二、问题提出

为什么缴费记录会少2个月呢？是当时办事人员没有及时缴纳养老金，还是入职时间搞错了呢？或是社保搞错了呢？如果是当时没有及时缴纳，那么从1997年到2011年，时隔十几年，还能补交吗？如果是入职时间搞错了，那是否还要牵涉到其工龄？如果是社保弄错了，那社保又该怎么处理呢？

三、评析与反思

带着疑问，我来到社保咨询。

社保分析如下：首先社保人员说社保肯定是不会出错的，社保是根据单位上报的数据进行操作的，所以问题出在单位。社保人员建议我翻阅当事人的人事档案，确认其入职时间及工作的累计年月。

我马上折返单位，调取当事人的人事档案，仔细查阅。档案记录为：该人员1997年7月入职，从未调离和调换过单位。我暗自庆幸，当事人的工作经历还是相当简单和清晰的。于是我带着当事人的档案再次来到社保咨询。

社保人员仔细翻阅档案，在确定当事人入职时间与工作累计时间无疑义的前提下，让我提供当事人刚入职时的"就业报到证"和"新进人员最初2个月的工资凭证"，并附上"单位情况说明"。这一下子又难倒了我，"单位情况说明"我可以根据实际情况写清楚，"就业报到证"也可以在当事人的档案里找到，可是"新进人员最初2个月的工资凭证"又到哪里去找呢？

我带着忧虑回到单位，马上找领导说明了情况。领导也犯难了，因为我校曾几经合并，在单位合并时由于时间紧，没有专业人手整理档案，当时请了部分人员帮忙一起整理打包，而且也没有专门的档案室存放，如今堆放在一间很小的房间里，毕竟已经过去整整15年了，能不能顺利找到，我们都有点担心。

我打开小房间，只见资料堆满了百余个箱子，资料编号也不规范，增加了查询的难度。那时正值九月初，天气还是相当炎热，我只能挨个查询，翻得满头大汗，功夫不负有心人，经过大半天的努力，终于找到了当事人的工资凭证。

于是我带着这些相关资料再次踏进社保大门。经过社保人员的审阅与确认，终于完成了养老金的补缴工作。

补交养老金几经周折最后虽圆满解决，但也给我带来了一些反思。

首先，作为单位具体办事的工作人员有不可推卸的责任，应该加强业务学习，提高业务技能和管理水平，在规定时间内上报当月人员，并上缴当月养老保险费。特别是当有新进或调出，人数有变化的情况下，要做到心中有数，及时、正确地上报人数，做到不多报、不遗漏。

这个案例也对作为一名人事干部的我起到了极大的告诫作用，人事干部责任重大，既要掌握好相关法律政策、专业知识，也要维护好职工的合法利益。认认真真做好每一件事，不要留有"后遗症"。

其次,作为单位管理档案资料的部门,健全档案工作体系非常重要,应该有专门人员负责认真做好档案的接收、整理、立卷、归档、保管、利用、统计、编目、编研等各项工作。对于合并过的单位,做好资料的形成、积累、整理和归档等显得更为重要。因为合并的单位人事关系相对复杂,不能预见的问题也会比较多,规范档案管理也是单位为维护自身的合法权益而采取的必要手段。一旦发生纠纷,可以及时运用档案记载的内容,依法维护单位的权益。

上述案例中,单位在档案资料管理上也存在一定的责任,虽然最后找到了工资档案,但在档案管理上不够完善,特别是在档案的编目上存在问题,如果当时能编目清晰、存放规范,就可以大大节省查阅时间。

另外,缴费月数少了,虽不是当事人的责任,但作为当事人,也要多多关心自己的合法权益。案例中的当事人1997年工作,直到2012年才发现"养老保险个人权益记录单"中缴费月数的问题,时隔15年,单位的多次合并为问题的解决增加了困难。

这个案例并不复杂,最后也很好地被解决了。但从这个案例可以汲取一些教训。人事干部身居要职,每一件事都牵动单位或个人的利益,马虎不得。任何的马虎、粗心或随意都有可能会造成单位或个人的损失,有的可能是可以补救的,有的就可能无法挽回或是会造成恶劣的影响。因此作为一名人事干部,要掌握好相关法律法规,避免差错,时刻提醒自己要有一颗为人民服务的责任心。

三、学校总务管理案例

案例 11

吃饭这点事儿

总务主任班学员:张婷(上外-黄浦外国语小学)

一、案例背景

2011年9月,我校迁入新校舍,经过家长、学生代表、学校行政的共同票选,上海×××餐饮管理有限公司成为我校食堂的承包方,为全校学生提供午餐,为教师提供早午餐,双方合作至今已有近六年。

二、案例描述

近一段时间以来,教师们对供餐方提供的食物品质、菜式搭配、菜肴口味、服务态度等提出了意见:有的老师晚到,看见阿姨盛给自己的是质量较差的菜肴,认为他们将好的留给自己,将差的分给老师们;有的老师对每日早餐提供的鸡蛋品质相当不满意,蛋白看起来微微发黄,闻起来有股怪味;有的老师觉得每日的菜式搭配不合理,虽然有荤有素,但看起来就是那么没有食欲。最近做的一项关于教师对学校餐食质量满意度调查的数据显示,50%左右的教师对学校餐饮质量不满意。

根据教师们反映的问题,我找了食堂负责人了解情况,他的回答是,食材都由总公司配送中心统一配送,每样食材都能提供"出生证"且能溯源,菜单荤素搭配,有鱼有肉有虾,厨师也没有换过,一直是这个厨师在烹制,对于阿姨分菜时的态度问题,我们会教育与培训的。这样的回答让我感到非常无奈与困惑,一方面面对老师们的不满意我该如何及时回应纠偏,另一方面食堂方面的解释似乎是觉得老师们要求太高以至无法满足。

三、分析与思考

俗语说:"民以食为天。"每日在校的两餐就是教师们的"天",餐食的安全、口味优劣直接影响着工作者的身心健康。从这个角度来看,半数以上的不满意就代表着对餐饮公司工作的不放心、不认可,那么,就目前这种状况,应如何加以管理与改善呢?

首先,"食以安为先,安以质为本",针对食品材质的安全问题,以不定期查看实物与验证溯源同步推进的方式落实食品安全保障。

其次,"推陈出新,多元选择",六年的时间,几乎不变的家常菜式和口味已无法激发教师们敏感的味蕾,受目前"微美食"和"网红"食物不断出新的冲击,再固守于原来的菜式与口味、无法选择的食物,落伍与淘汰将成为必然,只有及时研发、推新、改变才是重得民心的必经之路。

再次,"换位思考,互相尊重体谅",虽然教师与食堂阿姨师傅们工作内容与性质不同,但工作不分贵贱,无论是谁,辛苦工作的同时多站在对方的角度考虑问题,用微笑用真心服务,心宽天地就宽。

都说"众口难调",看来吃饭这点事儿有的研究了……

案例 12

突发状况的防范
——防范突发集体信访

总务主任班学员:郭银俊(黄浦区教育局校产管理站)

一、案例描述

2016年12月8日早上,某组织因与某公司产生法律纠纷,该组织不服法庭判决竟纠集众多残障人士莫名冲击教育局校产管理站,并扬言要到市政府集访。因我站毗邻黄浦区公安局,并且他们严重影响了道路交通,致使大量警力出动。最终在相关部门及我站领导的耐心解释下事态才平息。本次事件严重影响了本站工作秩序,并造成了不小的社会影响。

经事后调研得知,该组织与某公司因业务发生法律纠纷,组织负责人误解该公司为我站下属单位,致使纠集众多残障人士冲击我教育局校产管理站。

二、处置过程

事件发生当日早晨,因信访的残障人士众多,我站因担心大量信访人员进入会影响站内的工作秩序,紧闭大门。但正值上班早高峰,信访人员在大门口的不断积聚,不仅影响了非机动车道,更影响了站门口的公交专用道。众多信访人员的积聚也已惊动了警方,事后得知,警方通过监控已经觉察了事态的严重性,随后启动了应急机制,不仅出动了交警、派出所民警,并出动了机动力量。警方与我站商量,为了保持交通畅通,希望我们打开大门让信访人员进入,并承诺不让信访人员进入办公大楼。打开大门之后,大量信访人员进入停车场,我们马上通知各部门关上办公室大门,安排保安堵住进出大楼的底楼大门,并与保安公司联系加派人手,维护停车场秩序。在停车场,信访人员情绪激动,并扬言要到市政府集访。警方与我站领导与信访人员反复沟通,才让他们得知我们与该公司毫无上下权属关系,至中午信访人员才撤离完毕。

三、评析与反思

此次事件发生时,虽然我站出于自身考虑先后做了相应布置并做了调整,但在大环境下还是应该顾全大局,依靠相关政府部门,特别是配合好警方。此次警方的处置给我留下深刻的印象,他们发现警情后,出动相关警种,相互配合、各司其职,通过与我站配合,做好相关解释工作,很快就平息了事态。从中我意识到了建立相关应急预案的急迫性。我单位一般情况下遇到集体信访事件的概率微乎其微,但既然发生过,就要防微杜渐,亡羊补牢。在制订应急预案时要首先考虑做好内部的防范工作,这主要指的是避免发生员工与上访者的直接冲突,进而造成财产损失。其次要做好遇到类似情况时及时上报教育局,通知教育系统安全中心等相关部门,如遇到不可控制情况就立刻通知警方。最后我要强调的是,有了预案,还要灵活处置,在遇到事件之后,总结经验,才能把工作做好,把漏洞堵住。

四、学校意外伤害事故案例

案例 13

教师摔倒后

人事干部班学员:朱逸亮(华东师范大学附属卢湾辅读实验学校)

一、案例描述

Y 老师系我校教师,多年从事信息技术教学工作,2016 年 3 月,在上课期间,一孤独症学生突然离开座位,要跑出教室,Y 老师拉住学生后,被学生推倒,腰部撞到电脑房的台阶上,去医院检查诊断为腰部外伤,遵医嘱要平躺卧床休息,在治疗过程中被确诊为创伤性腰椎病。

事发后,学校除多次组织人员上门慰问外,还由人事部门出面,第一时间将依法维权提上了议事日程,在认真学习了自 2013 年 1 月 1 日起实施的《上海市工伤保险实施办法》(后称《办法》)以及工伤保险政策问答后,依据文件相关精神,及时以单位名义向区劳动和社会保障局提出了工伤认定申请,4 月 2 日,认定终结,确属工伤。后人事部门又将劳动能力鉴定申请表交给 Y 老师,待其病愈,向区劳动能力鉴定委员会提出了劳动能力鉴定,向区社区保险事业管理中心提出了工伤保险待遇申领,获得了相应的工伤保险待遇。

从整个事件来看:事发—工伤认定申请—工伤认定—劳动能力鉴定(尚未进行)整个过程比较顺利,Y 老师及其家属对学校处理过程中的态度也表示满意。本以为事件至此本应画上圆满的句号,但不想,就病休期间工资、绩效的发放和康复治疗期限,双方还是产生了一些小的分歧。Y 老师认为她既然被认定为工伤,责任并不在她本人,病休期间的一切待遇,包括课时工资等费用理应全额享受。但学校认为,公办学校为全额拨款单位,经费并不富足,学校请人代课都需要支付费用,Y 老师只能享受原基本待遇。

二、问题提出

学校应不应该支付 Y 老师所要求的待遇?

三、评析与反思

《办法》第三十七条(停工留薪待遇)规定:"从业人员因工作遭受事故伤害等需要暂停工作接受工伤治疗的,在停工留薪期内,原工资待遇不变,由所在单位按月支付。"而《关于实施〈上海工伤保险实施办法〉若干问题的通知》(后称《通知》)中第五方面——"关于延长停工留薪期和工伤复发的确认"的第二十条对此又进行了补充规定:"工伤人员在停工留薪期间内的原工资福利待遇由所在单位按月支付,标准为工伤人员负伤前 12 个月的平均工资收入。停工留薪期的原工资福利待遇不得低于本市职工最低月工资标准。"由于《办法》和《通知》均未对"原工资福利待遇"及"平均工资收入"的指代做出明确规定,学校与 Y 老师对其的理解发生了歧义。那究竟《办法》中提到的"原工资福利待遇"以及《通知》中提到的"平均工资收入"包含职工全部收入还是仅指收入中的国拨部分?这成了此案的关键问题。

为妥善处理此事,校人事部门向上海市劳动和社会保障局的相关部门及律师均做了咨询,仍未有明确的答复,最后从维护职工权益出发,学校还是参照 Y 老师事发前 12 个月的岗位待遇情况发放其病休期间的工资,此次工伤事件至此处理终结,但其中亦有值得我们借鉴与思考之处。

首先是学校应该牢固树立依法办事和维护教职工权益的意识。一些单位遇到此类事件,往往会以工伤认定手续比较烦琐为由,采取"私了"的方法,即承诺给予当事人工伤应享有的经济待遇,但劝说当事人不提出工伤鉴定诉求。初看这样的做法的确减免了许多烦琐的程序,双方的时间、精力都节省了,且当事人也没有吃亏,殊不知这中间隐藏着无法预测的纠纷与矛盾,比如工伤所致疾患的复发、后遗症、继续治疗所需费用及其产生的误工费等。所以在事发初期就通过工伤认定的规范程序明确责任归属是维护学校与当事人权益的最后途径。而且,相应的法律法规既已出台,理应依法办事。

其次,提倡学校在处理相关事件时,向弱势群体倾斜,"人性化"操作。在本案例中,学校也确有苦衷:现在都按核定的编制数下发人员经费,俗称"人头费",学校据此测算制订工资方案,按劳取酬。教师工伤后,学校在不影响大局和侵害其他教工的合法权益的前提下,以人为本,"有情"操作,向弱势的当事人倾斜,这种赢得人心、凝聚人心的做法值得提倡。

此外,建议学校及时将处理事件的方法纳入学校的规章制度中,以便今后有据可查,或再发生类似事件需要处理时有据可依。同时在制订分配方案时,能未雨绸缪,预留一些经费以备不时之需。而就学校主管部门而言,在排除学校责任的情况下,可否从教育局层面设立专款,以应对此类突发事件?

案例 14

学校教育管理案例

青管班学员:韩俊(上海市李惠利中学)

一、案例背景

教育部等九个部门《关于防治中小学生欺凌和暴力的指导意见》指出应切实加强中小学生思想道德教育、法治教育和心理健康教育。各地要紧密联系中小学生的思想实际,积极培育和践行社会主义核心价值观。落实《中小学生守则》,引导全体中小学生从小知礼仪、明是非、守规矩,做到珍爱生命、尊重他人、团结友善、不恃强凌弱,弘扬公序良俗,传承中华美德。落实《中小学法制教育指导纲要》《青少年法治教育大纲》,开展"法治进校园"全国巡讲活动,让学生知晓基本的法律边界和行为底线,消除未成年人违法犯罪不需要承担任何责任的错误认识,养成遵规守法的良好行为习惯。落实《中小学心理健康教育指导纲要》,培养学生健全人格和积极心理品质,对于有心理困扰或心理问题的学生,开展科学有效的心理辅导,提高其心理健康水平。切实加强家庭教育,家长要注重家风建设,加强对孩子的管教,注重孩子思想品德教育和良好行为习惯培养,从源头上预防学生欺凌和暴力行为发生。

二、案例描述

小J,2009年8月进入我校,在参加新生教育的第一天,因午休时与同学玩耍过程中双方推搡,导致手臂上有点碰破,而对方同学嘴唇破裂缝针。之后,小J情绪极度激动,扬言要杀了那个同学,说"谁拦他,他就杀谁"、"拿汽油把学校烧掉"、"到食堂拿刀,我要杀人!!!"……当时有五六名老师和他父母一起进行劝说,都无济于事,其中两位老师被他踢到,他妈妈也被打了一个耳光。从事发地到门房间到教学楼前,再到二楼,最后从小楼梯下楼,他被他父母挟着回去,整整僵持劝说了三个小时。当天与其母交流后得知:孩子五岁时,爸爸因车祸变成植物人(现在基本正常),这对孩子的身心发展有一定的影响,为此他学习基础较差,与以前外区学校的老师同学有了矛盾,后转至本区读书,并从二年级起开始去心理咨询,基本没有间断过,现学习稍有进步,只是偶尔还会与同学打打闹闹,发点脾气。事后,我们从小学老师处了解了情况:小J易冲动,气量小,不肯吃亏,不能控制情绪;曾因打人被其母亲批评,不听,反而打了母亲耳光;有一同学碰翻了他的书,他就扬言要杀了同学;在临近小学毕业时,家长才跟班主任说,孩子有狂躁症,一直在进行心理咨询。

了解情况后,我和学校领导、班主任、心理老师多次与家长沟通交流,为了孩子更好地成长,为了孩子的安全,也为了其他学生的安全,希望家长能尽快带小J去上海市心理咨询中心,请专家会诊。同时,我们建议家长考虑,选择去更适合孩子成长的学校——卢湾区新晖学校的家教中心就读。

其间,小J在其母的陪同下来过学校,学校安排了心理老师、班主任和任课老师对他进行了个别心理疏导和学科辅导。但提到以后如果和同学有了矛盾怎么解决时,小丁情绪马上激动了起来,表示如对方道歉,就饶了他,如不道歉,就用武力解决,杀了他……经反复工作,小J母亲、奶奶、外婆带着小J,同学校蒋书记一起去了上海市心理咨询中心,诊断结果是偏执和伴有多动(巴林特综合征),需要药物控制,并定期复诊。

没多久,小J又与同班同学杨某发生了矛盾,用手臂紧紧勒着杨某的脖子,对前来劝架的同学、班主任也手推脚踢,学校青保老师及时赶到,才控制了局面。但小J还是和老师僵持着,不肯离开教室,并继续说着一些过激的话,班级同学非常害怕,老师赶快帮助班级其他同学转移到备用教室。他母亲和外婆赶到学校,劝说了一个小时,才使J同学离开学校。如此情况基本每个月会发生,J同学打过班主任,打过年级组长,并且还报警反称教师动手打他。

三、问题提出及应对措施

学校召开了专题会议,并咨询了小J的主治医生。但由于种种原因,至今没有找到合适的方法解决问题。鉴于小J现在的状况，在确保全校师生安全的前提下，目前学校要求小J家长配合做好：及时治疗，如实反映情况，让医生调整治疗方案，在孩子病情高发期间居家观察孩子的情况，待平稳之后，家长来学校陪读一段时间。并且学校制订了关于小J同学突发状况的应急预案：

（1）一旦发生突发状况，班主任或青保主任等相关老师及时赶到现场，同时立刻通知小J家长到校，并迅速转移班级同学到备用教室上课。

（2）保护与小J发生冲突的同学到安全地方休息，直至家长安全带离校。

（3）相关老师、家长做好小J的劝说、安抚工作，等待其平静后离校。

（4）班主任做好相关同学的安抚工作和其他家长的解释工作。德育处处理事后工作。

学校邀请了上海市心理咨询中心的医生与班主任组成"巴林特工作小组"，班主任谈了教学中的压力与学生管理的困难，医生从心理角度去解读，给老师支持与方法。通过"巴林特工作小组"的努力，班主任理解了像小J这样的特殊学生的经历和感受，明白了他们的痛苦和困难，这样老师在日常与学生互动的过程中就不容易使其产生反感和对抗的情绪，老师将这种情绪传递给其他同学，融洽了师生的关系。此外，班主任也认识到学生行为背后的深层次原因，能从心理学角度对其进行教育，遵循规律，因势利导。

学校考虑到小J同学的心理、情绪状况，采用了多种方法，包括对所有任课老师开展教育方法研讨：要求老师说话、上课时特别关注小J的情绪；平时多以鼓励为主，批评时要有艺术性；布置适合小J的作业量，其母有孩子任课老师、学校领导的电话或微信，有任何需要都可以直接沟通交流。学校还定期与家长讨论治疗方案，寻找家庭教育方法，家校联系，促推孩子进步。学校心理老师固定与小J主治医生联系，根据其治疗情况进行相应的跟踪辅导，制订方案，开展团体训练辅导，要求同班同学向小J伸出温暖之手，尽力做好个别化辅导，减少其发生暴力频率。

四、评价与反思

当今学校里有一些类似小J的学生，他们中有人正在遭受心理困扰，也有人罹患心理疾病，都对个体自身造成了困扰，对班级、对家庭造成了影响或伤害。实践表明，多数学生的心理困扰能在学校心理监控体系内得到及时有效的缓解或解决，但个别学生的心因性和内生性心理疾病的治疗需要靠与医疗部门的共同努力才能见效。因此，整合医院、学校、家庭三方面的力量，探讨改变学生行为模式和心理状态的综合干预方法，能更有效促进特殊学生的成长。

在新形势下，初中学生不同阶段表现出各自的心理特点和心理需求，这就要求教师有针对性地开展工作。一是新生入学的适应期。这一阶段应用心理评价系统建立小学生的心理档案，目的是通过分析评价，了解每一个学生的气质、性格类型、兴趣爱好、情绪意向等基本心理素质和个体心理差异，帮助学生认识自我、接纳自我，树立健康的新形象。与此同时，这有助于学生更快、更好地适应学校生活的角色转换，为他们身心健康发展打下良好的基础。二是学习生活的困惑期。这一阶段初中学生正处于青少年身心发展的一个重要转折时期，这一阶段他们的第二信号系统活动日益发展并初步占主导地位，口头言语、内部言语能力不断完善，但学习生活中往往表现出自制力差，社会道德是非判断力以近期、自我为主的特点。因此，需要通过心理咨询、心理训练等内容丰富、形式多样的方式解决学生学习焦虑、人际关系不良、多动症和学习无能的心理问题。同时通过心理健康指导，开发初中学生潜能，帮助其建立心理健康新观念，塑造正确的人生观、道德观和价值观，推进整体素质教育的贯彻实施。

第四章

深度体验技术

深度体验式培训强调四个方面的设计理念,在浸润式干部培训的互动性深度体验活动中注重双主融合、开放有度、有效互动、拓展创新四个设计理念,既能增强干部培训的针对性和有效性,又能拓展浸润功能的实战性和创新性。

第一节 深度体验技术概述

一、深度体验的界定与特点

1. 深度体验的界定

深度体验式培训以学员为中心,以情境为平台,以活动为道具,以体验式的学习方式提升参训者的干部素养和专业能力,是一种高效的学习方式。与时俱进的干部培训特别注重参与、互动和体验,这也是浸润式干部培训的实施途径之一。

2. 深度体验的特点

深度体验式培训作为一种培训方式与传统的"讲授—接受"培训相比较,具有如下一些特点:

(1) 主动性。

深度体验式培训可以让学员发挥主动性,对自己的培训有自主感,真正成为培训过程的主体。体验式情境下,学员的主动性被充分调动起来,不知不觉中,认真地去感受、操作和发现。在情境的吸引下、推动中,自然融入、自动参与都会使培训显得轻松自然。

(2) 亲历性。

体验是学员自己的体验,无论是游戏活动、参观访问、情境模拟还是角色扮演等具体的体验活动,都要求学员作为主体亲自参与,亲自经历。在活动的过程中,学员的所有感觉器官都被调动起来参与,多途径地学习感受,其主体认知作用是培训者无法替代的。

(3) 感悟性。

深度体验式培训可以使学员获得第一手的经验,获得对知识、技能、过程、方法、情感等具体化的感觉、知觉,但不能让学员的收获仅仅停留在这个层面上,学员还要在培训者的引导下对这些东西进行升华,升华为科学理论、情感态度和价值观,也就是要让学员从中感悟出一定的道理、观念和经验等等。

(4) 实用性。

学以致用是传统培训的一个难题,原因之一是受训者很少有运用知识解决实际问题的场所、时间和机会。而深度体验式培训把学习与应用的过程直接结合在一起,或者把学习放在真实的或接近真实的情境中,更有利于学员明白所学的知识、技能、方法的意义,更能把情感、态度、价值观和间接经验内化。

(5) 直观性。

深度体验式培训中,培训者在设计时把所要学习的内容融于情境,使培训活动具体生动、可听可观、可触可摸,而且学员在直接参的情境时,身临其境,感悟至深。

二、深度体验的分类

1. 游戏参与式深度体验

游戏参与式深度体验是由培训者设计或营造出一个游戏场景让学员参与其中,并扮演不同的角色来实践他们的所学,从而让他们习得相应领域的工作能力。这是一种典型的模拟真实情境的培训方式。这一模式能够让学员有机会看到在将来实际工作中可能发生的一些状况,也可让学习者更深入地体验模拟场景中他人的感受。

比如，我们在中青年管理干部培训班第一阶段集中培训中开展了"团队合作及领导力拓展"的主题培训，主讲老师团队设计了许多形式活泼、内涵丰富的团队活动项目，从开场热身操开始就已经点燃了学员参与的热情。每个团队协作完成的"木板颠球""移位接棒""管道高尔夫""八人小天地""脚踩找数""振臂高呼""驿站传数"和"智过电网"等项目，让各组学员争分夺秒地投入体验中，为了配合默契，大家纷纷献计献策，各抒己见，逐步形成共识，激情与稳重、智慧与才能在比赛中得到了充分的体现。最终四组团队不仅成功挑战了定时任务，更用最少的时间高质量地完成了比赛，惹得"久经沙场"的主讲老师也发出了"叹为观止"的评价。一整天的主题拓展培训让学员累并回味着，寓学于乐的培训方式让学员受益匪浅，既训练了学员们的团队有效沟通和团队协作能力，达到让学员突破自我潜能的目的，又提升了学员们的执行力、决策力、协调力和创造力，增强了人与人之间的信任感。这天的培训给了我们信心与力量，告诉我们团队的能量是无穷的，我们会把这些收获转化到工作中去，使得工作氛围更融洽，工作效率更高效，工作能力有提高。

图 4-1 中青年管理干部培训班的团体拓展培训现场

2. 工作场景式深度体验

工作场景式深度体验是把受训者直接带到一些特色学校的特色项目工作现场，让他们实地观摩、学习、互动，在看到、听到和想到的过程中学习和领会同行的经验，帮助他们在别人的工作项目和成果中获得不同的启发，形成思维碰撞，将来有可能将体验和感悟的新思路移植到自己的工作中，提高工作绩效。

比如，我们组织中小学支部书记培训班全体学员到敬业中学，金怡校长以"书记的角色定位和职能"为题，同大家分享了自己做学校支部书记的体会。她被调任敬业中学校长之前，曾在光明中学担任了 8 年的支部书记。作为英语特级教师，她用"parter(伙伴)"这个词来形容学校支部书记与校长的关系。她认为，书记在工作中的角色定位最为重要，"工作到位不越位、决策参与不干预、工作补台不拆台"。结合书记工作实例，她与大家分享书记工作的工作职责，如如何抓班子、如何练队伍、如何建机制、如何聚人心等，讲到支部书记如何抓中心组学习时，金校长以敬业中学马伟书记组织的几次中心组学习为例，谈到了书记对学校重大工作的核心保障作用与智慧提升作用。在敬业中学，支部书记、校长的相互配合，真正做到了在工作中的合作共赢。在总结书记工作的有效策略时，金怡再次给了学员们惊喜。她提出，做好书记工作其实并不难，关键在于如何"be nice to others"(善待他人)，她向在座学员提供了 3 项建议："smile(微笑)"、"learn to listen(学会聆听)"、"add value to others(增加他人价值)"。徜徉在敬业书馆内的线装古籍中，聆听着敬业学子琅琅的读书声，静静体味着敬业 260 多年的办学历程，学员们深深感受到一所名校的深厚底蕴。

3. 手工制作式深度体验

手工制作式深度体验是让学员亲临各种手工现场，自己动眼动脑动手完成自己选择的一项任务或作品，制作的体验过程也是实现自我教育和提升自我效能的过程。完成作品的成就感正是培训目标和实效的体现。

比如，我们组织学校干部综合班学员来到中华职业学校进行"校本课程建设与体验"的专题培训。培训活动分为三个环节：听取校领导关于学校课程建设的介绍，参观课程实施基地和亲自体验课程。其中，让学员感受最深的是直接体验中华职校的课程。学员们分别来到高尔夫模拟练习球场，感受作为学生练习打高尔夫的过程；在模拟飞机机舱，体验空乘的送饮料服务；在该校餐饮培训中心，观摩培训老师制作一道西餐主食。最后，学员们穿戴好厨师的服装，亲自动手学做了一道西餐，把培训活动推向了高潮。每所学校都有自己的课程，每所学校都有自己的特色，在相互的交流学习中，我们的教育行为将会更适合学生的需要。

图 4-2 综合班学员在中华职业学校体验校本课程

4. 沙盘模拟式深度体验

沙盘模拟式深度体验是引领学员进入一个模拟的工作情境中,由学员建立若干团体,围绕形象直观的沙盘教具,实战演练模拟学校的经营管理工作,在模拟学校工作的过程中提高管理能力,感悟经营决策真谛。浸润式干训模式也尝试运用沙盘模拟这一方式,对学员进行了学校管理和时间管理等方面的培训,取得了较好的效果。

图 4-3 校长班的学员在进行沙盘模拟体验

比如,我们在"信息素养"专题短训班和校级干部短训班以"领导力沙盘模拟:盗梦空间——情境式教练领导"为专题,让学员们通过学习测评工具,模拟体验了一把由任务驱动推进的工作场景,学习到了最为实际的有效开展工作的技能,可谓受益匪浅。

三、深度体验的课程

结合深度体验培训的要求和目的,我们设计了一系列相关的、有代表性的课程,展示如下。

表 4-1　黄浦区干部培训班"凝心聚力,迎接挑战"拓展活动课程表

行程	活动内容	活动目标
热身	**团队融冰游戏:松鼠大树** 3人一组,其中2人扮演大树,1人扮演可爱的小松鼠。根据培训师不同的口令,变化形态与位置	1. 活动肢体,避免运动伤害 2. 增强团队荣誉感 3. 学员"归属"的需要得到放大体现,促进了人与人之间的交流和合作,并使每个成员深刻体验到了团队精神
团队组建	分组:每个队选取队长,设计旗子标志,摆团队造型	1. 活动肢体,避免运动伤害 2. 增强团队荣誉感
驿站传数	这是一个团队合作的项目,同时也是团对与团队之间竞争的一个项目。我们将会给每一组最后一名队员一组数字信息,学员需要在最短的时间里通过身体的接触逐一地传递这组数字信息给第一名队友。当数字信息逐一传递到第一名队友处的时候,第一名队员要迅速将答案写到面前的白板上。我们遵从"落笔生根"的原则,一旦写了就不允许做任何更改,回到原位等待其他组的队员完成项目。能够在最短的时间内最准确地传递该数字信息则获胜	1. 了解沟通的过程和要素 2. 体会沟通中的组织障碍及应对方式 3. 认识到突破性思维的益处 4. 善于利用规则 5. 增强相互合作的团队精神

续表

行程	活动内容	活动目标
卡牌风云	每组以纵队形式站在起点,在距离20米之外摆放纸牌。有内容的一面朝下,排成3排,每排4张(排列位置和数量可不一样)。发令后,各队排头迅速跑至纸牌处,随机选一张并打开,如果是正确的顺序,则有字的一面朝上,如果错误,则继续把有字的一面朝下,然后跑回起点换第二位,以此类推,直至把12张牌全部按照正确的顺序翻开朝上。率先完成的队伍获胜	1. 提升教师之间的协作与默契精神;明确知道与操作之间的差距,更注重于知行合一 2. 人无完人,包容团队的失误,学会宽恕与不抱怨,但是须做到知耻而后勇 3. 培养青年教师分析问题、解决问题的能力,提升团队成员处理问题的时效性 4. 培养利他之心

表4-2 黄浦区干部培训班职业体验专场活动方案

活动时间:2017年5月18日9:00—11:00

活动地点:中小学生职业体验中心

活动内容:职业体验(项目详见下表)

活动形式:预约报名,每人体验单个项目

序号	活动名称	人数上限	实报人数	教室	负责老师
1	咖啡制作	10	21	189咖啡教室	杨老师
2	西点制作	16	25	2108	张老师
3	陶艺彩绘、泥塑	20	15	2107	唐老师
4	陶艺拉坯	9	6	2111	王老师
5	插花	12	15	2106	陈老师
6	油画创作	10	8	2506	唐老师
7	木工制作	15	9	2605	苏老师

表4-3 黄浦区"课程领导力"专题短训班体验课程安排

课程目标	1. 了解当前学校课程改革与发展形势;明确上海市中小学课程领导力的丰富内涵及其对学校课程建设的指导价值和现实意义 2. 自主参与学校课程策划,现场参与案例学校的课程建设活动;完成一份课程领导力方面的小型实践报告 3. 开展小组个性化展示分享活动,在体验式学习中关注课程改革,并将课程建设的前瞻性、科学性、实践性要求融入课程领导之中

续表

课程内容	模块一：核心聚焦	1. 典型个案分享 2. 区域课程领导力项目简介
	模块二：分组策划	1. 分组活动(团队建设) 2. 内容选项(结合区域课程领导力项目的几个分组内容,学员自主选择方向) 3. 完成一份小组策划书(具体指标见策划书样张)
	模块三：走进现场	1. 观摩课程特色学校 2. 分组进入学校,开展浸润研修 (1) 以学校课程建设为案例,按照策划书内容开展实践活动 (2) 将案例与上海市提升课程领导力项目对接,获取信息、提出问题、提炼观点、形成报告 (3) 为每个小组指定一位课程专家参与现场研究活动
	模块五：专题研修	1. 各组结合策划书,开展专题理论学习 2. 开展微型项目实践研修 3. 整理反思研修成果
	模块六：深度会谈	1. 举行体验式学习活动,每个成员都参与其中 2. 分组活动,专家介入,头脑风暴,开展辩论 3. 完成会谈小结 4. 递交相关信息、图片、视频给班委会
	模块七：展示分享	1. 小组汇报展示(围绕各自研究项目) 2. 展示方式自主拟定,展示时间每组10分钟 3. 班级总结 4. 专家点评

第二节　深度体验技术的四个要领

深度体验技术有很多内容可以呈现,本章主要聚焦其中的双主融合、开放有度、有效互动和拓展创新这四个技术要领。

一、深度体验的双主融合技术

双主融合是深度体验活动的第一个设计要素。

1. 双主融合的构架

培训是培训者和学员两个主体进行合作和相互作用的过程,好的培训设计不仅应体现培训者如何实施教学，同时也应体现学员如何浸润学习，促使培训者和学员之间双向互动和融合相处。这其中强调培训者的互动意识，是因为培训的过程是双方互动生成的过程。从形式上来讲，互动性深度体验活动是利用一些特定的情境设置，以学员为中心，以体验活动为引导，让学员直接体验，全身心地投入，使他们的认知、情感和互动有所变化和提升。我们的培训对象是中小学与幼儿园的校级干部和中层干部，他们本身就具有双重身份，在单位是学校管理者和学科教师，在培训中是受训学员，利用他们的角色转换和借位思考，在培训中的双主融合可以做得更为充分和得体。

2. 双主融合的体验场景再现

第一期青管班学员参加团队合作及领导力拓展培训后认为在本次培训中，老师设计了许多形式活泼、内涵丰富的团队活动项目，其中由团队协作完成的"八人小天地""管道高尔夫""驿站传数"和"智过电网"等项目，都让大家在专注、协作、配合、协调中充分体验到了活动的趣味和团体的力量。学员们不仅成功挑战了不同的任务，而且表现了友谊第一、比赛第二的合作精神。这样的主题拓展培训不但训练了学员们的团队有效沟通和团队协作能力，达到让他们突破自我潜能的目的，而且还提升了他们的理解力、执行力、决策力、协调力和创造力。这类体验培训能增强学员的个人信心和团队力量，促使他们把其中的能量和收获转化到工作中去，提高工作能力，融洽工作氛围，增强工作绩效。

二、深度体验的开放有度技术

开放有度是互动性深度体验活动的第二个设计要素。

1. 开放有度地把控

在互动性深度体验培训设计的内容上，从学科知识向学员的工作和生活开放，把学员的直接经验和个体知识作为重要的课程资源；在培训的过程上，从单向的培训者教与学员学向双方交流和互动上扩大开放度，让预设的培训计划在实施过程中开放地纳入学员的直接经验以及始料未及的体验；从培训方法上，从讲授式培训迈向学员的探究和合作学习，结合各学段的实际情况，我们组织学员们走进学校现场，通过"特色管理—特色项目—学校特色"三种不同层面的观摩和交流，在培训中营造一种共同体的学习氛围，鼓励学员发表见解，敢于质疑，基于问题分享各校的做法和经验。

2. 开放有度地体验场景再现

"课程领导力"专题短期培训班学员参加"感受微型社会搬进校园的校本课程"活动后反馈："活动一开始通过时长 20 分钟的'蓬莱小镇'课程纪录片，让我们走进'蓬莱小镇'课程。孩子们那一张张笑脸，向我们展示了这是学生喜欢的课程；孩子们那一双双巧手，向我们展示了这是学生得益的课程；孩子们那一场场表演，向我们展示了这是学生热衷的课程……余祯校长近一个小时的介绍，让我们更深入地了解了'蓬莱小镇'课程。余校长通过四个方面，全面而系统地介绍了课程是如何诞生、如何实施的，课程实施的意义以及课程的发展情况。让我们非常清晰地了解了'蓬莱小镇'课程，微型社会俨然已经搬进了小学校园，孩子们在小镇的情境中体验、探究、发现，有了许多出乎意料的收获。课程让每个孩子体验无痕学习的快乐、体验公平学习的快乐、体验自主学习的快乐、体验创新学习的快乐！更难能可贵的是，学校还规划了课程未来的发展，为'蓬莱小镇'课程描绘了美好的愿景。六位教师代表的课程分享，让我们深切感受到在课程实施过程中，教师也是受益者，和学生共同成长。课程是学校教育教学的魂，要办学生喜欢的学校，要办学生喜欢的课程。我们见识到了学生喜欢的课程——'蓬莱小镇'课程，它为学生走向社会打下坚实的基础。"

三、深度体验的有效互动技术

有效互动是深度体验活动设计的第三个要素。

1. 有效互动的深化

培训无定法，重在实效。互动性深度体验培训内容的确定、培训方式的选择、培训活动的选定、培训结构的安排等都必须注重实效。所谓"有效"，主要是指通过参加一段时间的培训后，学员真的学有所获，专业有所提高，经验有所升华。互动性深度体验活动是一种参与式、互动式的培训方法。它一改以往沉闷、单向、讲授式的培训方法，根据参加学员的岗位特点和学科范畴来编制不同的理论课程、素养提升和团队协作课程。学员在参与和互动中既成为信息的获取者，又成了信息的重组者，身临其境让这些教育管理者对互动的意义和效果有了新的感受和诠释。

2. 有效互动的体验场景再现

中小学教学教导班的学员参加"走进创新实验室"活动后反馈:"走进七色花小学,在浏览学校宣传片的自主学习过程中,我们感受了一间间布置别致、格局新颖的特别专用教室——立体文化墙、森林图书馆、丰子恺漫画走廊、EFP 创新实验室……虽未步入,但我们已然目睹了学生在这些小小地球村中享受到的外教艺术课程、舞龙舞狮特色课程,已然理解了学校创造性地运用多种具有美感意味的手段和途径,引领学生在充满阳光与色彩的教育环境中,以七彩的活力与热情,以七色的思维和方法,使学生的个性充分张扬,实现全面和谐的发展。沈校长介绍了学校的魔毯情景实验室、模拟高尔夫实验室、3D 机器人创意园和多机位拍摄实验室,并带领我们前往六楼的室内体育馆,即魔毯情景实验室,欣赏学生站立于'魔毯'表演音乐剧《猫咪岛》。透过剧情,透过学生的猫步猫语,我们清晰地看到了《猫咪岛》演绎出的是'梦想岛',学校引导学生追求的是'不一样'!在之后的一小时里,我们学员欣喜地在各种创新实验室之间体验,或笨拙地使用 3D 打印笔制作'星',直呼'蛮难蛮难';或在'教练'的指导下双脚平行站位,身子微倾,重心偏左,擦垫挥球;或注视着五位学生戴着耳麦,沉稳地手执摄像机,听着学生导播娴熟地指挥:'一号位总特写,二号位中景……'大家零距离地感受着七色花小学的学生享有的个性化学习过程。也许正因为对'不一样'的追求与呼唤,"窝"在居民区里的七色花小学能够如此有创意地开发空间,如此不拘一格地研发课程,呈现出'一个教室多种功能、一位教师多种角色、一名学生多种学习方式'。"

四、深度体验的拓展创新技术

拓展创新是深度体验活动的第四个设计要素。

1. 体验创新的拓展

活动创新是互动性深度体验活动的第四个设计要素。互动性深度体验培训的设计是在培训过程中的创造性劳作。培训者设计的过程需要创新,受训者体验的过程也需要创新。特别是体验式的培训活动,要学员去亲身经历和体验,提升感知和感悟,在挑战中超越自我,在品味中提升体验,在整合中凝聚力量。将互动性深度体验活动引入学校干部培训,符合干部培训模式创新的要求,用所学的理论和技能指导实践,是提高干部解决问题能力的有效途径。因此,在常规培训和短期培训中,我们根据参训主体的不同对互动性深度体验活动模式进行创新,从思维训练到主题拓展,从教育领域到跨界取经,我们充分地利用了校内外已有资源为开展互动性深度体验活动训练服务。

2. 创新拓展的体验场景再现

德育教导主任班的老师们来到了金山廊下中学参观学习后反馈:"跟随着张校长的脚步,德育教导们聆听着张校长热情洋溢的介绍,获益不浅。校园的每一处建筑都彰显着学校育德文化,学校背后一个个精彩的文化故事,牢牢地吸引着大家。学校坚持'文化治校','大爱文化'成为全校师生相亲相爱一家人的文化认同——学生是老师们的宝贝,老师是学生们的亲人,学校成为充满着爱和生命活力的绿色家园。就如学校的名字一样——'爱廊园',在廊下充满着大爱阳光的师生们的精神伊甸园。随后,德育教导们参加了"黄浦区德育教导主任社会实践课程"体验式活动,这是一场智慧与体能的培训。在拓展培训师的指导下,我们分成四队:红队、绿队、蓝队、灰队。每队首先要推选出一名队长作为团队的领导者;一名安全员,负责全队人员的安全;一名后勤部长,力气要相对大些,当队员走不动路,背不动包时,他要挺身而出;还要有一名'宠物',虽然名字有些难听,但他的任务就是传播团队正能量。分工明确后,我们红队在李彬队长的带领下,按照给出的任务卡提示一一完成定向任务:在江南农具馆认识了许多已经渐渐退出人们视线的农具,我们也从中华传统农具的发展中,了解了长江流域江南水乡耕织文化,侧面理解了中华民族的发展史;在铃廊中,我们14名队友大声地喊出我们的祝福:祝大家幸福每一天,祝自己快乐每一秒。太阳当空照,队员们热得满头是汗,擦一把汗,马上再完成下一项任务;走不动了,想坐下歇歇,队友们就相互鼓劲,一路扶持,坚持向前,不让一个队友掉队。最后,我们在规定的时间达到终点,以258分的成绩获得了拓展活动第一名,自豪地接受了另外三队队员的祝贺。这样的培训活动丰富多彩,我们的收获是满满的。德育工作'爱'是灵魂,'润'是功夫,像春风化雨那样,点点滴滴,播入心田,浸入血液,潜移默化。"

第三节　深度体验活动集锦

本章节概述的深度体验技术强化了双主融合、开放有度、有效互动、拓展创新这四个要素,使浸润式干部培训落到实处,培训效果极好,深受学员欢迎和喜爱。在今后还可以进一步增加定点走访特色学校及增加国际化特色元素等专题内容,使互动性深度体验培训的专业化和个性化水准更上一个台阶。

以下是四类有代表性的深度体验活动的简讯选摘,从中可了解我们在改进浸润式干部培训模式和改良培训技术上的实践工作和实际成效。

一、游戏参与式体验活动

在拓展培训中精心设计团体游戏,让学员在游戏中有不同的感悟和收获,这是深度体验的主要活动方式之一。

场景回放1：

黄浦区"十三五"人事干部培训班正在开展别开生面的拓展活动。一上午的培训,时间虽短,但内容丰富,形式多样,寓教于乐。一百多位学员在培训师的带领下,通过手指游戏、建立村小组、数字符号传递等游戏活动,体会沟通中的组织障碍及控制,认识到规则在团队合作中的重要性。这次拓展活动给大家进行了一次身体和心灵上的双重洗礼,大家放松心态,减轻了工作压力,每个人都感受到了相互配合、沟通的重要性,激发了个人的潜能,大家共同分享活动带来的喜悦和收获。

图4-4 人事干部培训班正在开展别开生面的拓展活动

场景回放 2：

黄浦区中小学教学教导主任经历了一次情境式、体验式、浸润式的培训，培训讲师郑正文先用抛接球的游戏燃起大家沟通交流的热情，然后和学员共同交流分享游戏的体会，指出"沟通是双向的信息传递，受双方因素影响，双方都需为此负责，沟通不仅传递想法，也在传递感受，沟通中会有失败，练习和努力会让沟通更加顺畅"。郑老师接着邀请学员现场演绎生活中遇到的人际沟通中的困扰，比如"学生被同学冤枉而大哭，来找你倾诉，你该如何回应？""配偶没有征求你的意见，买了个新沙发，你会如何回应？"学员们演得很投入，郑老师做出了不同的回应，并请学员分享接收到不同回应的感受，在具体的情景中，郑老师让学员们了解了"何时听、怎么听、何时说、怎么说以及听和说的换挡"都会给沟通带来不同的效果，引领学员们了解并应用了沟通的技巧。通过本次培训，学员们了解了人际交往的几个信条："当你的某些行为影响我实现自己的需求时，我会坦诚地、不带指责地告诉你，我受到了怎样的影响，给予你机会去调整你的行为，这种调整是基于对我的需求的尊重。如果我的行为对你来说不可接纳，我也希望你能坦诚地告诉我。""当我们的关系出现冲突时，让我们共同协商处理，不使用权力手段，不以牺牲任何一方作为代价。我们应该始终寻求一个满足双方需求的解决方案——没有输方，彼此双赢。""当你在生活中遇到困扰时，我会努力带着接纳和理解去倾听，帮助你找到你自己的解决方案，而不是把我的想法强加给你。当我遇到困扰的时候，我也希望你能够倾听我。"

场景回放 3：

第二期青年管理干部培训班的学员们开展了一次别开生面的团队拓展培训。经过培训老师的破冰游戏之后，第二次见面的学员们才放下了矜持，欢快地和同伴们熟络起来。随后，八十余位学员被分成六组，在培训老师的指导下完成了卡牌风云、动力绳圈两个主题游戏。卡牌风云不仅考验团队成员的"集体作战能力"，更考验各个团队的"作战战术"，胜者不骄，败者不馁，唯见大家把卡牌翻得更流畅、更快速。而对于动力绳圈游戏，刚听完培训老师的要求时，大家都认为是不可能完成的任务，但在培训老师的鼓励和支持下，众人同心，其利断金，用集体的力量撑起了同伴们的重量。绳索上的同伴们也在大家的加油声中突破心理障碍成功地完成了走绳索的任务。玩中学，学中玩，相信学员们一定会把这次团队培训中领悟到的团队合作精神带到自身的工作中去，并将其发挥得更加淋漓尽致。

二、工作场景式体验活动

在培训中精心设计一些工作场景，让学员在情景模拟中有不同的感悟和收获，这是深度体验的有效活动方式之一。

场景回放 1：

黄浦区教育系统第一期中青年管理干部培训班第二阶段任务——跟岗培训——全员到岗完毕。在经历了充实精彩的第一阶段培训学习后，学员们普遍表示对培训班安排的学习内容很期待。前期有各领导的培训讲座、名校长的心得经历、老前辈的谆谆教导、名师的收获体验、党校教授的提纲挈领，也有学员们的团队互动、小组讨论、理论学习、论坛分享和思想交流汇报，整体系统有序、丰富多样，每周的培训班学习成了学员期盼的"相约星期二"。在这一阶段，组织科、干训部根据学员的学段、特征进行了个性化、针对性的安排。每一位学员都会在不同于原来的学段、岗位跟随一位导师学习，使发展更全面，能学习更多、经历更多；每两位学员跟随一位导师，学员们能相互交流互助，不至于让培训泛泛流于形式；跟随的导师有标杆型校园长，亦有有关部门的领导；安排的岗位既有教育系统内熟悉的单位，亦有系统外十分锻炼人的宝地。我们相信，每个学员都能在跟岗岗位上跟随导师学习到很多原先接触不到的知识、技能和经验。跟岗培训的时间虽然只有一个学期，但是对学员而言，是推开了一扇窗，能看到原先不一样的景致，呼吸到更多的空气；是进了一扇门，有机会跟随导师学习实践。我们相信，每一位学员都会在结束时能上交一份完满的答卷。

场景回放 2：

"课程领导力"干训班圆梦小组一行 12 人，在两位组长——淮海中路小学张敏校长和比乐高中朱培辛副校长的带领下，一起来到了上海市敬业初级中学，对"嘉年华课程"进行深入的实地学习。整个学习过程让每一位学员感到获益颇丰，感悟透彻。圆梦学习小组得到了敬业初级中学张宝琴校长的热情接待，在整个学习活动过程中，张校长一直以一位对基础教育充满真挚热情和对实现教育理想坚持不懈、执着追求的学校课程建设领导者的视野，亲自为我们全面诠释了敬业初级中学"嘉年华课程"所蕴含的学校办学理念，并表达了自己对于课程建设在学校办学理念中的重要作用的理解。在一个多小时的介绍中,张校长声情并茂、激情洋溢,从"清晰的课程愿景""充分的课程需求""嘉年华课程核心要素""独特的课程模式""丰富的课程资源""专业的课程团队""嘉年华课程发展的空间和生长点""课程建设与实施有利于教学质量全面提升"八个方面把我们引入了"嘉年华课程"的美丽胜景之中,引入"嘉年华"——课程氛围的营造艺术之中。"嘉年华"通过I-CACM和STEM+课程群,让校园沸腾起来,实现了学生"诗情画艺"的成长,实现了"办人民满意教育"的目标,圆了学校发展的理想之梦。小组学员们被深深地吸引和打动,在聆听学习中感受到了敬业初级中学的校领导和全体教师齐心协力、形成合力、努力付出的意愿。在随后的学习中,敬业初级中学的数学教研组组长郭老师以一堂"设计桥梁第三课"教学为例,剖析了一位因STEM+课程从讨厌学习数学转变为喜爱学习数学的学生的案例,让我们感受到教师只要能够为学生提供一个舞台,让学生在某一个方面有成功的体验,就会让学生产生意想不到的学习积极性和能动性,并将其迁移到学习的方方面面。体育教研组的徐老师也通过花样跳绳课程的介绍,让我们感受到了"选择""体验""合作""分享""愉悦"的体育锻炼习惯的养成教育。在学习的最后阶段,组长朱培辛副校长结合自己对《上海市中小学拓展型课程的指导纲要》(简称《纲要》)和"嘉年华课程"的深入学习谈了自己的一些感想:"嘉年华课程"无论从哪一个方面来说都体现了《纲要》中要求"培养学生的主体意识""完善学生的认知结构""改善学生的学习方式""提高学生的自我管理意识""激发学生的学习兴趣,开发学生的潜能""促进学校的特色发展"的课程定位和理念。这些值得我们每位学员深入学习、积极实践。淮海中路张敏校长最后代表全组学员再次感谢敬业初级中学为"圆梦小组"的学习活动提供了大力支持和宝贵的学习经验。

场景回放3:

储能中学校园广播中骤然响起地震轰鸣与房屋倒塌的声音,正在上课的师生马上蹲下并躲在课桌椅下进行防地震自救。一分钟后,尖锐的警铃响起,全体师生有序地按照逃生路线逃生,迅速汇集到操场。与此同时,各工作小组开始紧张而有序的救援行动……这就是"减轻灾害风险 共建平安校园"黄浦区地震实战演练暨校园安全教育主题活动的现场。全区中小学德育教导培训班学员进行了现场观摩,这既是一次生动的校园安全教育活动,也从侧面反映了整个黄浦区学校长期的安全和生命教育的成果。本次活动由区地震办、区教育局、区应急办、区民防办、区红十字会主办,上海市储能中学承办,普莱德青年应急救援服务中心为支持单位。出席本次活动的领导有上海市地震局副局长李平、黄浦区科委党组副书记张敏、区红十字会党组书记王春玲、黄浦区教育局副局长严奕、黄浦区应急办副主任张沈彬、黄浦区民防办副主任吴红正等。观摩结束后，德育教导到五个会议室围绕区德育综改项目进行了分组研讨，每位学员进行了交流分享，有的根据自己学校德育品牌和办学特色，分享了学校德育工作中提炼的经验或成果，有的针对五个综改项目中某一项目的深入推进提出了意见和建议，整个讨论在开放热烈的氛围中结束。德育教导深感今天的培训内容充实而实用，贴近学校德育工作实际，有利于相互学习、共同促进工作。

图 4-5　德育教导班学员参加防地震自救现场演练

场景回放 4：

黄浦区科研主任干训班学员来到市十中学，现场浸润，实地观摩并参加了市级研究项目"基于学生核心素养培育，推进'4C 课堂'教学改革的行动研究"中期汇报活动。首先进行的是市十中学推进"4C 课堂"教学改革的公开教学展示。四位老师分别从基础型课程和拓展型课程两个层面，就不同学科如何将"4C"核心素养培育转化为学科关键核心素养，如何结合教学内容重构、学生学习变化的观察、教学方式方法的改变等与培育目标有效对接，在"4C 课堂"教学实践中进行了充分展示。接着，在课后举行了研究项目中期汇报的主题活动。朱晓薇校长从研究项目的缘起、简介和进展三个维度，深刻阐述了"市十学子"的培育目标、建立"4C课堂"教学改革整体框架等核心问题；薛大伟副校长就融入"4C"核心要素的大课程框架体系建设与管理、建立推进"4C课堂"教学改革的保障机制等进行了相关解释与说明；由区科研干训班学员、市十中学科研主任吕宁老师带领的核心研究团队，则以微论坛的形式，从"4C课堂"教学的实践层面，阐述了基础性课程、拓展型课程、研究型课程和具有德育育人功能的践行课程在实践层面上的实施路径与策略。最后，区教育学院的李峻副院长做了总结发言，她认为，学校通过龙头课题的研究促使了学校内涵的深度发展，同时，在课堂改进、机制建设、德育探索等领域的长期不断的探索，有利于学校营造良好的科研文化，推动学校教育教学的可持续发展。

场景回放 5：

"课程领导力"专题干训班的"智荟"团队以"课程设计与有效实施"为活动主题，走访了市八中学，聆听了徐霞红书记介绍学校特色课程——"探索男生教育规律　践行高中特色发展"。徐书记详尽讲述了"学校特色课程开辟教师专业发展之路"的历程，她生动形象的描绘让我们走进了"男子班"，也深深感受到校园文化元素的渗入、学校特色发展理念的融入。从一系列针对男生的调研数据中，以课程实施为渠道，有的放矢地择取课程内容，整合基础课程与三维目标，使课程的有效实施得以保障。我们可以清晰地感知到男生特质给其学习生活带来的影响，跃入眼帘的是男生"彰显特质""敢于担当"的一个个场面，我们从中充分认识到课程开发能积极推动学生的身心发展，学校的办学理念能在课程的有效实施中得到升华，学生能在践行课程的过程中提高自主能力。报告之后，我们小组进行了互动式的学习交流，徐书记、雷校长就提出的问题一一进行了解答，学习气氛浓郁。"课程领导力"集中培训学习与分组研讨的活动形式，不仅让我们正确理解了学校课程的内涵，学会合理确定学校课程的内容，有效选择学校课程的实施途径，更让我们领略了校际间践行课程的力度，以此提升自身的课程领导力和执行力。

场景回放 6：

黄浦区教导主任培训班（中学组）参观学习了大同中学创新实验室。大同中学王菲副校长首先做了"创新实验室：让创新课程落地"微报告，通过三个故事，以"中医药探索""乐同动画"等特色校本课程为例，讲述了大同中学如何基于课程开展创新实验室建设,强调了"先课程后实验室"的总体思路,分享了从"课程先行"到"相伴相生"再到"迭代成长"的课程逐渐丰富深化的过程。培训班学员对此非常感兴趣,从教学组织形式、学生评价、生源选拔等方面提出了问题,王校长一一进行了详细解答。随后,培训班学员参观了大同中学的图书馆、创新实验室,大同中学的宋斐老师具体介绍了乐同动画课程,并展示了学生制作的布景道具及最终的成品。创新实验室作为上海市推进教育综合改革的项目,各区各校都在做探索。今天创新实验室的参观学习,让大家感受到大同中学课程的内涵与价值,也为大家如何进一步提升区域内创新实验室建设提供了很好的经验,促进了大家深入的思考。

学员感悟1：

带着国际视野与科技引航体验教育之"大不同"

青管班学员：张岚（市八初级中学）

什么样的教育国际化才是今天适合我们学生需求的？今日最领先的科技成就给教育又能带来哪些影响？带着这些问题,第二期青管班的学员们走进了协和双语学校(万源校区)和科大讯飞(上海分公司),探寻教育发展的新动向。

（一）世界标准，中国话语，协和特色

学习活动的第一站,学员们走进协和双语学校,学校在办学理念中提出要真正实现"国际理解、国际认同、中西文化交融"的概念,并由此制定了"世界标准,中国话语,协和特色"十二字发展方向。尤其"中国话语"一块让大家对这所学校刮目相看。作为双语学校,英语学科自然是强项,而这所学校在加强英语教学的同时,仍和很多公办学校一样,踏踏实实建设着基础型、拓展型、探究型三类课程,积极为学生搭建各种资源平台,注重中国本土文化的传承与理解,在随后走访数学、地理、科学、人文、美术等学科专用教室的过程中,学员们都能够感受到这一点。

在参观并听取了该校小学部、初中部两位主任的介绍后,学员们对教育国际化以及今日国际教育的走向有了新的理解,而协和双语在课程建设、学生发展方面的探索也给大家带来许多借鉴。

（二）让世界聆听我们的声音

学习活动的第二站,学员们来到了位于临港新城的科大讯飞上海分公司。

走进科大讯飞产品展示层,通过公司人员的介绍,学员们才真正开了眼界。科大讯飞公司有一句口号是"让世界聆听我们的声音",科大讯飞的语音系统已用于智能机器人、智能电视导览系统等多项产品及 APP,技术辐射到医疗、教育、通信、家居等多个领域,其语音技术已在世界领先。与教育密切联系的智学系统能够集讲解、阅卷、质量分析、错题归纳、微课录制等多功能于一体,真正体现了科技对教育的巨大推动力。许多学员对这些新技术产生了浓厚的兴趣,纷纷咨询交流,想必对学校教育教学改革也有了新的思考。

今日教育需要不断适应社会发展需要,在学习中求发展,在发展中图变革,本次的培训内容正是基于这一目的,组织青管班的学员们感受和体验不同的教育模式与教育领域,以期学员们能开阔视野,探索黄浦更优质的教育。

学员感悟 2:

在廊下感受环境育人——金山廊下中学实训一得

德育教导主任班学员:李群华(上海市第八中学)

4 月 10 日,师训部带领我们来到一所农村学校——上海市廊下中学,进行实地参观考察活动。

说实话,对于"廊下"这个地名,我也仅仅是听说过,想着农村学校的德育教育大概是很朴素甚至简陋的吧。但是,当真正踏上这片土地,真正走进校园,在张斯恒校长的带领下,看了校园的一砖一瓦、一草一木,我才明白,自己是有多么轻慢和无知。廊下中学,不虚此行。

廊下中学历史并不算太悠久,但特色鲜明。学校以弘扬民族优秀文化、培养社会主义新农村建设者为己任,以"让学校成为充满着爱和生命活力的绿色家园"为办学愿景,树立了"用生命感受生命,用爱心滋养爱心,用智慧启迪智慧,用心灵体悟心灵"的办学理念,确立了"热爱家园、呵护生态、诚实守信、精彩自我,做一个求真、求实、求新、勤奋、守纪、向美的廊下学子"的培养目标。

他们非常聪明地利用了区域的文化资源。学校所在的廊下地区有着深厚的文化积淀。农民画、打莲湘和剪纸被誉为"廊下三枝花"。于是,传承民间剪纸艺术并对学生进行剪纸艺术教育是学校的办学特色。他们的剪纸艺术空间是个很大的专门空间,同时又体现在校园的每个角落,抬眼可见,育人无声。

他们把自己的学校称为"爱廊园",他们为学校的每一处景观命名,园里有精致的廊园十景,每一处景观都渗透着丰富的文化底蕴。他们还重新设计了学校标志,他们自己这么解读:"整个图案围绕着我校的办学愿景——让学校成为充满着爱和生命活力的绿色家园而设计。整个图案以绿色为主基调,表示我们追求和谐可持续发展的办学理念,还象征着我们地处廊下现代农业园区。图案下方的绿色部分为'LX',是廊下拼音首字母缩写,又像一把打开的剪刀,意寓廊下中学的剪纸特色项目,此外这一图案既像两只和平鸽又像两片绿叶,也象征着社会和学校;图案上方的绿色和红色代表嫩叶和爱心,象征着我校的师生都富有拳拳爱心;整个图案象征着我校的师生在社会和学校的呵护下充满了爱、焕发生命活力。"

张校长带领我们穿行在校园中,感受着爱廊园的每一处独具匠心的设计,这些设计无不凝聚着教育者的智慧和爱心。但让我更感动的是张校长对教育理想的坚守。他乐此不疲地设计一个架子,撰写一副对联,命名一个景点,引导一次参观……这些环节无不体现教育者对育人价值的孜孜以求。确实,德育永远不应该教条地灌输,而应是环境的熏染,活动的漫润,实践的体验。

现今的廊下中学正如其校歌中所唱的,在"洒满金色辉煌"的民间文化的土壤中茁壮成长。而我们每一个教育工作者,需要创造更多这样贴合的土壤。

学员感悟 3:

体验成长的快乐

德育教导主任班学员:姚淑霞(卢湾高级中学)

二十年前,我一踏上教育岗位就担任班主任,其后还分别担任过年级组长助理、年级组长、德育主任助理、德育教导副主任、德育教导主任。从2007年走上德育教导的岗位,不知不觉已有十一个年头,身为山东人的我为人热情大方,做事风风火火,领导和同事们对我的评价是有着很强的行动力。但我自己心里知道,由于缺乏系统的德育管理的理论学习,因此在对学校德育工作统筹设计方面时时感觉底气不足,工作事务性多,但研究性的、归纳提升方面总觉得力不从心。我2018年参加"十三五"德育教导培训班以来感觉收获颇丰,无论是金山廊下中学参观、廊下生态园拓展课程的实地考察,还是各个讲座都让人耳目一新,每次培训都让我感到收获满满,感觉自己在德育管理专业化道路上不断前进。在此仅讲讲给我印象非常深的一个讲座。

　　为进一步提高我区各校家庭教育工作的指导力度，推进各校现代学校制度建设，更好地服务于家长，黄浦区德育教导主任培训班的第二次培训聚焦家庭教育，围绕上海市家庭教育示范校的评估工作组织学员们进行了专题学习。3月13日上午9点，德育教导主任培训班的学员们走进了黄浦区卢湾三中心小学，卢湾三中心小学2017年度经过申报评估，成了首批上海市家庭教育示范校。

　　大家首先聆听了上海市学生德育发展中心副主任孙红老师题为"上海市家庭教育示范校评估指标解读"的专题报告。孙老师梳理了从2004年至2017年国家层面以及上海市先后颁布的关于家庭教育的一系列文件，详细阐述了《上海市家庭教育示范校评估指标》出台的背景以及家庭教育在学校教育中的重要性，为大家厘清了学校家庭教育工作思路，明确了学校家庭教育的定位应该聚焦家庭教育的指导以及现代学校制度的建设，保障家长的知情权、参与权、监督权、建议权，最终服务于家长这一主体。随后，孙老师就《上海市家庭教育示范校评估指标》的内容，结合2017年上海市首批16所家庭教育示范校的评估过程中发现的一些问题给大家做了有针对性的详细说明，比如指标第一板块"保障条件"中的"工作领导小组""实施骨干团队"和"稳定的教师核心团队"的具体指向问题，第二板块"家校社互动"中三级家委会中年级家委会作用的彰显问题。德育教导主任们结合家庭教育示范校评估的指标文本，再结合孙老师的讲解，都感觉收获很大，对于学校无论是日常推进家庭教育还是接下来申报上海市家庭教育示范校的申报工作流程与工作重点，都思路清晰了。

　　接下来德研室冯秋萌老师为大家请出了东道主黄浦区卢湾三中心小学的王平校长做了20分钟的微讲座"童心飞扬，让家庭教育为每个孩子的人生护航"。王校长以大量翔实的资料为大家介绍了学校家庭教育开展的情况，重点介绍了学校家庭教育品牌示范项目"三心家长工作坊"引领家校共育的工作开展情况。最后负责家庭教育项目的卢湾三中心小学陈嫣老师简单为大家分享了学校去年迎接家庭教育示范校评审的心得，以及整理相关材料的具体情况。大家非常感谢卢湾三中心小学校长、老师的无私精神，这无疑为接下来我校进一步加强学校家庭教育工作，以及申报2018年度上海市家庭教育示范校工作打下了扎实基础。而我们卢湾高级中学就是在这次讲座之后申报了上海市家庭教育示范校,这次讲座为我们无论是撰写自评报告还是填写申报表,以及整理学校家庭教育的材料都提供了很好的指导,让我们受益匪浅。我们与评估指标制定专家面对面,能够更好地加深对评估工作的理解和认识,从而把手头工作做得更到位,更有获得感。

最后我想说的是什么样的培训是我所喜欢的:基于对培训对象扎实调研过的,对德育管理专业化成长有助推的,有利于提升德育管理者人文素养的,使德育管理者走进先进文化的培训是我喜欢的,当然更多的由讲座改为现场体验、走在魔都时尚前沿的是我更期待的。

三、手工制作式体验活动

在培训中让学员参与一些动手能力强的活动,让他们有不同的感受和创意,这是深度体验的有趣的活动方式之一。

场景回放1:

人事干部班学员前往商贸旅游学校职业体验中心进行培训。这次培训是商贸旅游学校特意为人事干部培训班策划组织的专场活动,学员们根据各自兴趣与特长报名了不同的体验项目,有陶艺彩绘、插花、木工制作、油画创作等等。在各个体验教室里,学员们认真聆听老师的讲解,通过灵巧的双手和对美的感悟力,专注于所制作的每一件作品上。经过两个小时的体验,每位学员都拥有了一份自己制作出来的作品:一件陶器、一块木器、一幅油画、一盆插花……面对自己的劳动成果,大家脸上洋溢着快乐和满足的笑容。这些活动项目既丰富了干部培训内容和方式,又让学员走进学校,体验到学校的课程建设特色,受到了学员的一致认可和好评。

场景回放2:

教导主任班的培训从"请进来"改为"走出去",蒙蒙细雨中,学员们来到我区商贸旅游学校烹饪实训中心参与了一场别开生面的职业体验。学员们根据自己的兴趣在中餐烹饪、西餐烹饪、中式点心、西式点心四个项目中选择了一项进行体验,由商贸旅游学校的专业老师进行授课。老师边示范边讲解操作要领,学员们围着老师,不管是否有"实战"的经验,都仔细聆听,并提出自己的问题,现场气氛非常和谐。在之后的操作环节中,每位学员穿上围裙,认真按照要求进行制作和烹饪,学生助手也在一旁辅助帮忙,整个厨房忙得不亦乐乎。香煎明虾、锦绣脆皮凤尾虾、黑森林蛋糕、蛋黄酥……一道道菜品、点心在制作完成后被排在了一起，老师和学员们共同点评，分享美食。两个小时的职业体验转瞬而过，这是一次色香味俱全的职业体验，学员们在课程体验中获得了满满的幸福感，期待下次的培训更精彩。

学员感悟：

回顾与展望——德育教导培训心得

明珠中学　郑重

本学期，我参与了区教师进修学院组织的德育教导培训，十次培训下来，我收获了许多，其中最感兴趣的有两次：一次是江晓原老师主讲的"当下科学争议背后的几个原则问题"，还有一次是郑一超老师主讲的"手机拍摄实用技巧"。

江老师的培训深入浅出，讲的是科学，但对我这个纯粹的文科老师来说非常易于理解，令我非常佩服。

江老师在讲到"科学已经告别了纯真年代"这个内容的时候，其知识要点竟然和我教授的初中思品要点是不谋而合的，只是表达的形式不一样。通过老师的PPT，我们可以把科技和"钱"结合起来，而在初中思品中，有这样几个知识点：① 以经济建设为中心；② 把发展作为首要任务；③ 科技是第一生产力；④ 科技是关键。在不同课题不同框题中出现的这些内容，江老师用一张幻灯片，非常接地气地呈现出来，令人一目了然。

再有，江老师讲到了"转基因主粮中的专利问题"，在讲述转基因种子种植的相关问题时，老师引用了南美和其他地区种植转基因种子和非转基因种子25年来产量和农药使用情况的比较，这个我在以前从未了解过，听了江老师的讲述后，在和学生讲解"培养国际视野"时，我也引用了这一案例，可谓是"现学现卖"了。

和江老师相比，郑一超老师更为年轻有趣，他用唯美的图片瞬间吸引我们全体老师，全程大家都拿着手机鼓捣，发现了许多平时都不大使用的功能，原来小小的手机，仅一项拍照功能就如此强大，看来工具一定要在使用过程中体现出它的价值！

在郑老师的讲解中，令我印象最深刻的是关于手机延时功能的使用，一般平时不会使用这一功能,是因为不知何时需要使用,但在拍照中,经常会由于抖动导致图片模糊而不得不不断重拍,通过培训知道原来三秒延时可以有效防止因手指触碰而引发的手机抖动,我在学习之后马上使用起了这个功能,在多人合影过程中,发现这的确很有效。

个人还觉得,很受用的就是 snapseed 这个软件,我日常就使用过美图秀秀,而老师介绍以后,我发现 snapseed 的修图功能超级强大,而且易于掌握和使用,在老师讲授的过程中,我就赶紧找出好几张图片进行了修图,尤其是修复功能,超级好用,可以把画面中误拍到的事物迅速抹掉,不留痕迹,相信这个功能我以后也会经常使用到。

对于日后拍照都能用得到的光线问题的把握,老师也讲解了好几个小窍门,例如:逆光拍摄时可以打开闪光灯;如果想要减小闪光灯的亮度,可以用一层餐巾纸遮住灯头;测光拍摄很有艺术感;避免顶光和底光;等等。以前拍照的时候不会考虑这么多,拍出来的作品经常令人不满意,学习了这些小窍门以后,会有意识地去留意光线、构图等等,我相信,假以时日,我一定能减少手机拍照的失误率,提高自己的拍照质量。

总之,这两次培训课程是对我个人最有用的两次课,这也是自己之前没有机会去认真琢磨、仔细研究,而在教学、生活当中又会经常接触的领域,因此,这样的培训真的是能起到"补缺补差"的作用,让我们老师能将学到的知识运用到日常的教学和生活实际,希望今后还能有类似这样的课程,再次感谢教师进修学院为我们精心安排了令我们受益匪浅的课程!

四、沙盘模拟式体验活动

在培训中让学员参与一些沙盘演练活动,让他们有身临其境的参与感,这是深度体验的有料活动方式之一。

场景回放 1:

2017 年黄浦区校(园)长专题短训 2 班在上海交大海外教育学院 400 室进行专题培训,主题是"领导力沙盘模拟:盗梦空间——情境式教练领导"。这场体验活动让参加培训的校长、园长和书记们通过理论学习和测评工具,模拟体验了四个不同资历的教师个人风格和工作模式协调。校(园)长通过现场互动,深入学习了有效领导下属的实用策略。

场景回放 2：

2017年黄浦区校(园)长专题短训班1班学员在上海交通大学徐汇校区机械楼400室进行了为期一天的沙盘模拟培训,主题为"点'时'成金——时间与目标管理"。上午,杨老师从"时间与人的关系""我的需求""以终为始的时间与目标管理""目标计划与保持习惯"四个方面,阐述了有效时间管理、高效目标管理的价值和技巧。下午,杨老师带领大家进行了沙盘模拟训练,大家结合校长的工作实际,用"体验+反思"的方式进行了实操。

图 4-6 校(园)长专题短训班学员体验沙盘操练

学员感悟 1：

管理是学校领导必须习得的能力,这次培训以沙盘、游戏、对话、案例等形式和学员分享了管理沟通的基本方式和极为实用的管理下属的基本方法,讲座手册作为提纲性的学习材料,对大家后续的学校管理有着理论和实践的指导。

学员感悟 2：

"盗梦空间——情境式教练领导"是一门真正吸引我、让我"走心"的课程。校长的领导力不仅仅需要你对教育管理的一股热情,更需要你"走心"地读懂自己、读懂每一位教师、读懂你的团队……一张沙盘、一个团队、四位各具特点的对象老师,在不同的任务之下如何判断教师对任务的准备程度,进行怎样的行动干预,在什么场合、什么时间进行任务的发布等,都决定了管理效能是否能高效呈现。我们一个团队的培训班学员们从一开始的经验判断,到之后结合着教授所提供的管理思路进行匹配应对,整个过程与其说是一个管理模拟场景的训练,不如说是对自己以往管理经验的一种极具挑战性的冲击,反思、感悟充斥在整个培训过程中。一种创新的培训方式让我们每个培训者"走心"地投入到整个培训中,感悟多多,思考多多……此外,多样的培训场合、多样的培训内容,促使我们"走心"地为学校管理的方方面面寻觅到最佳的资源。

学员感悟3:

一天的沙盘实战演练,不但使我们对下属增加了三维认知,即基于任务的准备程度、人的四种社会风格、人内在的需求,也对自己的社会风格有了一种基本判断和了解,更使我们在决策时脱离自己的社会风格,考虑得更为全面,从以往以自我为中心的决策思维方式转变为多角度思考解决问题的思维方式,获益良多,触动也很大。

学员感悟4:

我最感兴趣的课程是"盗梦空间——情境式教练领导"沙盘课程。作为校领导,我们常常思考,到底什么是管理?美国著名管理学教授斯蒂芬·P.罗宾斯认为管理指的是与其他人一起或通过其他人,有效率、有效益地完成任务的过程。但在实际工作中,我们常会有这样的困惑:"有时我觉得还不如自己去做来得轻松,他们做错了,我还要自己改……""一次次的沟通,为什么感觉对他们起不到激励的作用……""这样做是为他们好,是压担子,培养他们,为什么总是不领情……"而"盗梦空间——情境式教练领导"课程就是通过教授关键管理方法,利用工具模型,教会我们如何更好地看清下属的不同特点,有针对地采用合适的策略,知其然,知其所以然,更知其何以然。其实下属和自己都有问题,下属容易进入"迷失域",我们自己则容易受到"暗影"的影响,归根结底还是双方思想和方法没有匹配。这看似简单的沙盘游戏,通过一次次的案例分析演练让我们明白,每个管理者在面对下属时都不应该只有单一维度的思考,应该从多个角度,以递进的方式,深入地分析下属、理解下属,并通过有效的方法或工具,达到最佳或相对最佳的效果。因此,结合工作实际,我们可以先分析判断一下不同教工在面临任务时的准备程度属于哪个类型,有无路径和结果,其社会风格特点如何,然后进行有针对性的指导、引导、授权或辅导,实施有效的沟通。"领导是一种持续变化、充满活力的互动过程。"园长作为领导者,不仅要帮助每一位教师树立正确的教育观、课程观,而且要带领全体教师共同构建园本课程;关注教师的专业发展,提升教师的教学能量;改善幼儿园的教学文化,构建理想的学习型组织,以实现最终目标——为每一个幼儿的终身可持续发展奠基。因此,学以致用,用科学的方法努力让教工团队最大限度地与园所发展的目标梦想匹配,做一名智慧的领导者。

学员感悟5:

沙盘课程"盗梦空间——情境式教练领导"让人领略独特魅力,它改变了传统讲授方式,通过直观的情景式模拟训练,让我们在游戏中体验了四个不同教师的个人风格与工作模式,使我们对在模拟的情景中通过选择、决策、行动导致的结果,进行思索,感悟管理的得失与成败,提高对有效领导的理解与认知,这对校长团队管理能力的提升是非常具有借鉴意义的。

学员感悟6:

培训中印象最深的无疑是"盗梦空间——情境式教练领导"沙盘游戏活动了。这是一款针对管理情境中"一对一"的、"上对下"的、系统性的管理理念、工具应用的集成型模拟游戏。游戏之前,围绕"管理他人"的主题,培训者向我们介绍了管理沟通的基础,以及作为管理者应该如何通过三维认知准确对待组织中的每个人,然后带领我们一起进行了沙盘模拟及实战演练。一天的学习结束了,我们收获满满。首先,它让我改变了自己惯常的思维模式,让我能审视并调整自己日常的管理行为。通过学习,我知道了权力是由职位权力和非职位权力构成的。作为一个管理者,要具备一定的领导力,拥有使人们心甘情愿地为实现组织目标而努力的工作艺术,尽力使组织中每一个人的潜能发挥最大化,承担使团队文化、关系、感情变得融洽的责任。我明白了组织中的每一个人都希望被改善、希望变得优秀,而且绝大多数人的潜能可以被开发。团队中的任何情况都是可以改善的,所以,作为管理者要尽可能全面地了解下属,下属被了解得越全面,达成共识的概率越高。对于下属身上存在的一些不足,要多包容。其次,我了解到团队中有效沟通的重要性和沟通策略。在现今的团队管理中,团队的执行力和凝聚力是必要的,而沟通效果会直接影响团队的执行力和凝聚力。作为管理者,要正确掌握沟通的六大要素,即为什么沟通、和谁沟通、沟通些什么、在什么时段沟通、在什么时间/场合沟通、用怎样的方式方法沟通。沟通过程中应关注事实信息,因为事实胜于雄辩。对于基于客观事实做出判断的观点信息要理性对待,因为观点没有对错,为了观点起冲突是没有意义的。而情感信息是基于客观事实的感性表现,对沟通对象在沟通中的情绪、感觉、心态波动等要予以关注。在沟通中还要关注人性的不同。因为人的需要是多种多样的,其行为会因时、因地、因条件而不同,根据其表现可以假设其为经济人、社会人、自我实现人、复杂人等,而针对这四类人的个性表现应采用不同的领导方式,因人而异,才能达到有效沟通。因此,作为领导者,对下属应该多维认知、全面了解,同时把握好与人沟通的观点,即人性是平等的,但是人与人是有差异的,尊重差异、理解差异则可顺畅沟通,我们无法去改变别人,但是可以通过改变自己去影响别人。这个沙盘游戏让我明白了作为一个管理者在面对下属时都不应该只有单一维度的思考,应该从多个角度,以递进的方式,深入地分析、理解下属,并通过有效的、系统的方法或工具,达到最佳或相对最佳的效果。

第五章

跨界融合技术

随着教育形势的发展与科学技术的突飞猛进,传统的教育理念、方法、技术正在不断受到冲击和挑战,来自其他领域的新理念、新技术、新方法正在改变着我们的社会乃至教育。如果我们固守传统,拒绝纳新与创新,就很有可能会被时代所淘汰。在这样的背景下,我们应该主动学习并吸收其他领域的新理念、新技术、新方法,尝试进行跨领域的创新与融合,使其为我所用。

黄浦区教育学院干训部一直致力于干部培训内容和方法的跨界融合,自"十二五"起,就尝试与上海交通大学海外教育学院、复旦科技园进修学院等机构合作,在各类校长班、书记班、分管副校长班、中层干部班、青年管理干部班的培训中,引入各类跨界的课程和专家资源。通过历年各类培训班学员的总结反馈,我们也可以发现,跨界融合类课程一直是最受学员欢迎的课程模块。走出校园、跳出教育的学习,让学员打开视野、增长见识、重构体系、产生灵感。干训部在培训实践过程中,也逐渐归纳总结出一些有关跨界融合的经验和思考。

第一节 跨界融合的价值及内涵

一、跨界的含义与价值

1. 跨界的含义

跨界,顾名思义,即跨越边界。它跨越的既有物理意义上的边界,也有心理和社会意义上的隐形边界。从另一个角度来看,既有空间意义上的边界跨越,即各个区域之间在管理和发展方面的跨界,也有组织之间的跨界,即跨越组织之间的各种边界,实现组织更为有效的管理与发展等。

巴菲特的合伙人查理·芒格一直推崇跨界,盛赞其为"普世智慧"。他将跨界誉为"锤子",而将创新比作"钉子"。他认为"对于一个拿着锤子的人来说,所有的问题看起来都像钉子"。

2. 跨界的历史

"跨界"虽然是一个时下的流行词,但实际上它从来都不是新生事物。从人类诞生之日起,它就一直伴随着人类社会的发展。古今中外,因跨界而成功的人和组织其实举不胜举。

(1) 跨界的人,名垂青史。

在我国历史上,要说跨界成功的名人,吕不韦是其中一个代表。他"投资"秦王,扶持秦始皇一统天下,也官居要职,完成了由商转政的华丽转身。吕不韦原为韩国的大商人,因"贩贱卖贵"而"家累千金"。一天,吕不韦贩货于赵国的邯郸,碰见秦国人质异人(后改名子楚),以为"奇货可居",就劝说子楚去结交华阳夫人——华阳夫人无子,借其力可以成为安国君(秦昭襄王之太子)之继承者。吕不韦资助子楚千金,使其回归秦国,又以五百金购珍宝献于安国君的宠姬华阳夫人。后来,华阳夫人果然劝安国君立子楚为嫡嗣。昭王卒,安国君立,是为孝文王,立一年而卒,子楚立(公元前249年),是为庄襄王。庄襄王以吕不韦为丞相,封其为文信侯,食河南洛阳10万户。吕不韦以"奇货可居"的投资行为开商人从政先河,以商人的理论跨界管理国家,积极倡导贸易,奠定了秦始皇统一六国的经济基础,又跨界组织门客编纂《吕氏春秋》,成为文化名人,影响深远。

蔡元培先生出身于商贾之家,少年饱读经书,17岁中秀才,18岁设馆教书,21岁中举人,24岁中进士,26岁升补翰林院编修。正当蔡元培先生沿着封建正统的人生道路扶摇直上的时候,1898年,戊戌变法爆发了。这使当时的中国人看到了社会变革的希望。他认识到,社会变革必须依靠人才,依靠人才必须培养人才,而培养人才又必须兴办教育。于是他毅然弃官,走上了教育救国的道路。他把自己的一生都交给了中国的教育事业,成为中国近现代教育第一人。

鲁迅青年时期在日本是学医的,但是他觉得医术只能拯救人的身体,文学可以医治人的思想,而中国落后的根本原因在于思想。鲁迅先生就是想利用文学的力量改变中国的国民性,所以他根据自己的爱好和爱国理想,弃医从文,成为中国一代大文豪。

在西方,跨界成功的例子也有不少。2016 年的诺贝尔文学奖授予了美国民谣艺术家鲍勃·迪伦,理由是他唱的美国传统歌曲创造了新的诗意表达,他的歌是献给耳朵的最伟大的诗篇。历史上,诺贝尔文学奖颁发给不是从事文学创作的人也屡见不鲜,早在 20 世纪 50 年代,英国首相丘吉尔就是因为发表了一篇即兴演讲,就得到了诺贝尔文学奖,给予他的获奖评语是:"由于他精通历史和传记方面的艺术,以及他那捍卫崇高的人的价值的光辉演说。"还有被誉为神医的哥白尼跨界天文学,颠覆了托勒密理论的统治地位;比萨大学的数学教授伽利略跨界物理学,颠覆了亚里士多德理论的绝对真理;物理学家牛顿跨界数学,打破了传统常量数学一统天下的局面;哲学家康德和数学家拉普拉斯跨界天文学,动摇了自然界绝对不变的陈腐教条;神学出身的达尔文跨界博物学,破除了上帝造人的千古迷信;维也纳大学的神经病理学讲师弗洛伊德跨界心理学,颠覆了笛卡尔理性主义的话语霸权;理论物理学家奥本海默跨界军事技术,改造了传统武器装备;数学家艾伦·图灵、冯·诺伊曼跨界军事技术,颠覆了传统的计算方式;欧洲原子核研究会的蒂姆·伯纳斯·李跨界计算机软件,成为互联网之父,改变了人类生活方式。凡此等等,不胜枚举。

(2) 跨界的组织,长盛不衰。

在一次加拿大厨房展上,传统做家居的瑞典品牌宜家推出了无火食谱——"Cook This Page(按此页烹饪)"系列菜谱,消费者只要按照食谱的要求,将菜谱规定的食材放在指定的位置,接下来打包进烤箱就能享受美味。充满新意而又便捷的烹饪方式吸引了众多眼球。其实,当初宜家做美食也是无意之举。因为宜家的家居展示占地面积极大,逛宜家可以说是一件不折不扣的体力活,宜家秉承其为消费者提供简约、便捷、实惠的生活方式的理念,尝试开启了消费者"逛吃逛吃"的节奏,不仅延长了消费者在宜家停留的时间,而且使得宜家历年餐饮收入不断增加。更有消费者在网上大呼"去宜家就是为了蹭饭!"宜家跨界做餐饮,其实是现有商业模式的附加产品,均属于零售商跨界布局生活方式领域。

还有一家公司从半个世纪前就开始跨界,而且跨界范围之广,是其他公司远远不能及的,这家公司就是雅马哈(YAMAHA)。当我们问身边的朋友,雅马哈是做什么的啊？你可能会得到这样的答案：钢琴、电子琴、音响、摩托车、游艇——这些答案都对，但雅马哈的业务范围其实远远不止于此。1900年，雅马哈制造了日本第一台立式钢琴，接下来造出了小提琴、大提琴、吉他、口琴、架子鼓、爵士鼓；随着唱片和CD光盘的流行，雅马哈公司也不甘落后地成立了音响实验室，随后研发了视听产品音响、耳机、收音机、家庭影院；接下来又开始制作各类电子元器件，顺便还做出了路由器；1983年，他们甚至自己做出了一套计算机系统；2013年，又推出了"Vocaloid"数码声音合成技术。由于制作乐器的名声越来越大，其木工制造的质量在国内也是领先水平，因此当时的日本政府向雅马哈订购木质螺旋桨，为了测试螺旋桨必须借来飞机发动机，但是这发动机动力不足，于是在1955年，雅马哈开始制造发动机，并成立了雅马哈发动机公司，公司的专家们又制作了雅马哈首辆125cc摩托车——YA-1。接下来，他们的车队在世界摩托车大奖赛（MotoGP拉力赛）等世界级赛事也都取得了佳绩，给扎克斯皮德（Zakspeed）、布拉汉姆（Brabham）、乔丹（Jordan）、泰利尔（Tyrrell）、飞箭（Arrows）、丰田（Toyota）提供引擎。与此同时，他们还研发生产工业机器人，甚至还研发直升机、游艇等一系列产品。通过造游艇，雅马哈掌握了玻璃钢技术，于是出现了配备了雅马哈音响的高级家用浴缸。接下来，雅马哈成立了家居用品事业部。1967年，雅马哈又跨界开设了第一家度假村，度假村里的钢琴教室、网球场地、高尔夫场地、游泳池都用的是雅马哈自家的产品。

3. 跨界的价值

近年来，跨界已经成为一个各行各业都在频繁使用的热词，在社会管理、科技创新、产品开发、企业营销、学科整合中都得到了广泛应用，造就了一批人类社会发展的新成果，比如中国传统国画技法与西洋画法的整合、信息技术与社区管理的结合、电子产品设计与艺术创作的共生、基因技术与传统农业的契合等等。数不胜数的例子让我们相信：跨界是美好的。

紧跟社会发展的潮流，近年来，在教育领域的校园环境设计、课程开发、教材编写、信息化管理、师资队伍建设方面，"跨界"一词也经常出现。在笔者看来，跨界之所以受到教育界广泛的关注，是因为这一概念很好地契合了当前全球化的浪潮和信息技术的发展等方面的趋势。跨界的意义在于开放，而开放则是一种文明进步的人类态度。

（1）世界很复杂，单一领域的做法存在局限性。

当人们在某个领域工作或学习的时候，为了阐述方便，其中的理论、原则的适用场景，往往都是做了理想化、简单化、有限制条件的设置。然而，当要处理现实世界的问题时，人们就会发现，许多问题都是错综复杂的，单一领域的知识和技能是不足以解决问题的。

某位教师即使在某一学科领域的学识达到了所谓的领军人物的水平，但是如果他的学识储备和思维方式长期不更新，也会不可避免地出现一些故步自封、一叶障目的情况。他会"本能"地将遇到的教育问题强行套到自己擅长的学科领域、方法系统和个人经验当中，从而给出片面的，甚至是错误的分析和结论。

（2）跨界思维是把握本质、殊途同归的思维。

从本质上讲，跨界是一种方法、一种手段，是把握事物本质后，解决某种问题、实现某种目标的殊途同归的新手段。当人们把握了两个原本不相关的事物的本质后，就可以寻找他们在某些方面的相似之处或者冲突之点，再将其放在一个时间、空间维度进行磨合。磨合不成功的，暂时放在一边；磨合成功的，就研究其成功的机理和增长点，并且总结归纳出一整套有效的机制固化下来。接下来，在产品开发、工作规程、规模形成、后续开发等方面继续发力，甚至进行迁移，在其他相关的问题解决中进行同样的尝试。

例如，在数字化校园建设中，我们尝试将网络技术、虚拟技术与学校建筑、硬件配备放在一起整体来考虑、一体化设计，既避免了以后在学校基建方面不断返工、打乱学校管理节奏的现象，又可以节省教育投入，减少重复建设。

（3）跨界思维会带来跨界红利。

跨界之所以有价值，是因为它往往能产生 $1+1>2$ 的跨界红利。在一个领域看似很普通和简单的技术，放到另外一个不相干的领域，往往会产生巨大的价值和作用。

例如，在校本课程开发中，将信息技术课程的先进理念与技术与各学科进行跨界融合，就可以在学科体系、教材开发、实施手段、评价方法、教师发展等方面产生大量的跨界红利，解决课堂教学在时间、空间方面的局限。虚拟艺术馆、VR 高尔夫、虚拟实验室等特色校本课程的出现，充分体现了这一点。

（4）跨界创新的人没有枷锁。

当外行人士进入某个领域时，"缺乏经验"是他们的弱点，但同时也是他们的优势,这是因为他们不会受条条框框的约束,不会自我设限。他们会质疑并解决所有不合理的模式、设计和方案,打破枷锁。

例如,在学校管理中,当所有的人都拘泥于校园内的一方小天地,研究从教育到教育的问题,就很难跳出枷锁,有所创新。当有那么一两个善于跨界创新的人出现时,就仿佛产生了鲶鱼效应,他们会震撼、启发、引导、带动那些守旧的人,跳出教育看教育。当跨界的好处真正出现时,越来越多的人会打开自己、质疑自己、突破自己。

二、跨界融合的内涵

随着时代发展,学校干部培训的难度增加,课程内容与形势的重复情况日益突出,办班中的创新越来越难。此外,学员的培训需求越来越多元、越来越复杂,学员的学习主动性更难激发。另一方面,新时代的学校干部是否拥有创新思维,在工作中就会体现出差距。他们需要在工作当中,采用一些不同以往的、传统的思维、做法来颠覆性地开展工作,而不是在细枝末节修修补补。要达到这个目的,需要跨界思维,这是最简单、最有效的创新思维,甚至是颠覆性、变革性的思维。当你遇到某个难题,长时间无法攻克,或者在某项工作当中,很难进一步提升时,那就应该采用跨界思维。

跨界融合已成为教育突破困局、开拓未来的方法之一,因为不跨界,就无法与世界接轨,无法与人类发展的趋势接轨。在有些情况下,某些校外机构会比我们的学校更为大胆地跨界。他们为了生存、为了盈利,会想方设法地进行跨界,找到吸引学生和家长的噱头。通过跨界,他们找到了一些学校教育所没有的课程、设施、师资,吸引了一批学生和家长。

以前,我们的学校还抱着一种"鸵鸟心态",不屑、讽刺,甚至否认来自校外的威胁。现实情况是,你不跨界,别人会跨界,你的学校教育就会受到校外机构的威胁,甚至入侵。正所谓"走你的路,让你无路可走"。在互联网思维的影响下,甚至产生了"没有跨界思想和行为、没有跨界资源和课程的教育,将会被淘汰"的说法。

实际上,我们的教育完全可以在一些可以突破的领域大胆进行一些跨界的尝试。跨界融合完全可以实现共同繁荣、互利共赢的目标。我们的学校在面对教育发展日趋多元和复杂的局面时,无论是跨界引入先进的理念和技术,增加学校发展增长点,还是融合学校教育与社会资源,实现学校社会协作发展的新格局,都是走向自我实现的有益实践。

有竞争才有合作,合作是为了更好地竞争。跨界融合是一种共同繁荣的竞争,更是一种互利共赢的合作。虽然教育界目前对跨界融合的态度不一,但在当前创新驱动发展的大背景下,在跨界融合日趋常态化的新形势中,趋势已经不可逆转。教育与各个行业的跨界融合、携手发展,不仅可满足教育形式发展的需求,更会深层次创造出教育发展所需要的新空间。

从某种程度上讲,跨界与融合就是一种资源的重新整合与配置,把其他领域的优势资源拿到学校来,与师生共享,共同获益,既是跨界产生的物质基础,也是融合发展的一种必然趋势。

在学校干部培训中进行跨界融合,对我们来讲如同摸着石头过河,没有照搬照抄的经验和模式为我所用,国外的经验、企业的经验只能是借鉴、参考。我们应该因地、因时制宜地进行创新、突破,闯出一条适合我们学校干部培训的跨界思维、资源融合、共享共赢的新路径。

综上所述,我们这里所指的跨界融合技术是指在干部培训中,引入教育行业内外不同、领域、学科的课程资源、培训模式、专家资源等,突破学校干部培训原有的惯例和常规,将一些原本无关联的思维、技术、方法等,与学校干部培训进行交叉、碰撞、突破、融合,进而激发出创新元素的一种学校干部培训方法。

第二节　跨界融合的操作原理

一、跨界融合的操作思路

跨界的范畴非常广,可以是跨行业、跨领域、跨文化甚至是跨时空的跨界。因此,通过一系列有目的、有针对性的跨界交叉活动,就能在思想、观念和文化的交汇点上产生新的火花,爆发新的灵感,获得意想不到的成果。

跨界融合要求学校干部跨越自己日常工作的边界,向外界寻求多元素交叉。在这一过程中,多种因素穿梭于时间和空间之中,融合在一起,互相补充、互相联系、互相影响，最终产生奇思妙想的闪耀效果。随着技术的发展和社会的推进，万事万物讲究外延和对接，嫁接后产生更独特的"奇葩"，这正是人类探索的美妙所在。

跨界融合也是一种学习思路，学校干部可以根据学习主题，借用、整合外部学习资源，体验、比较多种学习方式，最终达到事半功倍的学习效果。此外，学校干部的学习过程不应该局限于自己学科和专业的界限之中，跨界融合可以帮助学校干部在知识素养以及人格结构等方面，发展得更加完整而立体。

学校干部培训的跨界，其本质是打破传统的培训思路与内容模块，针对培训对象需求进行互补，以及激发培训对象的创造性思维。主要可以从以下两个方面来进行。

（1）在办班模式上，强调校校合作、校企合作、校社合作。

这里的校校合作主要指办班主体与高校、科研院所、民间教育机构之间的合作，校企合作主要指办班主体与企业、工厂、经营单位的合作，校社合作主要指办班主体与政府组织、社会团体、公益组织的合作。这种合作涉及至少两个主体，即办班主体与合作方。二者的合作则意味着二者跨越自己的各种边界，进入对方的领域。办班主体跳出教育的局限，在课程资源、专家资源、场所资源等各个方面，与合作方实现共享与互动。合作方的跨界则体现在积极参与到办班主体的办班过程中，为学校干部的培养提供必要的支持。

（2）在培养模式上，强调理论学习与工作实践结合。

工学结合同样涉及两个边界的跨越，即工作环境的跨越和学习环境的跨越。中小学教育是一种直接面向未成年人的教育，教育内容必须以符合中小学生身心发展的特点为基础，跨界理念的学习与工作实践的契合与对接，是跨界融合成功的关键。

二、跨界融合的操作原则

跨界融合不同于以往的学校干部培训方式，它没有现成的标准和做法，具有一定的不可预知性和过程生成性，需要在实践中不断去摸索和甄别。但是在具体实践过程中，跨界融合也是需要遵循一定的操作原则的，即优化、催化、细化、实化、活化。

优化——在培训设计前期，对已有的干部培训课程、模式、机构、专家等跨界资源进行梳理、取舍,并且不断进行动态化的补充,构建适合学校干部素养培训的跨界融合资源库。

催化——在培训中不强求干训班学员对跨界课程所涉及的学科内容有深度了解,而强调让学员通过对跨界融合课程的体验、感悟,激发、催化反思和创新。

细化——在跨界融合课程的执行过程中,干部培训部门全程参与每一个环节的设计、内容的细化,及时听取学员对跨界融合课程的反馈,并根据学员意见做出细节方面的改进,在下一阶段培训中进行相应的调整。

实化——在培训的效果上,注重跨界融合课程紧密联系学员工作实际,力求达到通过跨界与融合,使学员在管理素养、专业素养、人文素养、研究素养等方面有实际的提升,对工作有实际的帮助。

活化——在培训的进程中,应对来自不同学段、不同年龄段、不同学科背景的干训学员的需求,干部培训部门进行灵活的实施、灵动的实践,力求跨界课程的内容丰富化、形式多样化、效果多样化。

三、跨界融合的技术要领

1. 目标聚焦,着力需求分析

干训学员一般处于学校的领导地位,急需用突破性、创新性知识去发现、解释、提炼学校管理中出现的现象,寻求问题的根源,实现理论智慧与实践智慧的双向滋养,建立自己明确的管理思路,形成自己独特的管理风格。我们可以通过目标聚焦的方法,将"认知、情感、意志、行为"多维度并重,强化知行统一,使干训学员充分了解跨界思维的重要价值与实践意义。

2. 案例驱动,着眼理念落地

通过任务驱动、案例研讨、问题引领、协作互动,使每一位干训学员尝到跨界融合的甜头,看到学校管理中新的增长点。实践证明:跨界融合是学员通过认知、辨析、体验等活动,增强思辨意识,借助外来的技术和手段,以移植、渗透等方式进行校本化的实践,以实现不同程度的、校本化的跨界融合,使所学到的智慧、方法、策略移植到学校、试验在学校、探索在学校、行动在学校,并且有所创新甚至发明。

3. 同质异构，着重效能化实施

同质异构的基础是干训学员共同关注的焦点、难点问题。当确定了某一共同关注的问题后，可以通过跨界进行横向的比较研讨，在比较的过程中追求"同中求异""异中求同"，从而多维度地去探求各种新的途径和策略。

以行动研究为基础，鼓励干训学员应用其他领域的不同方法，尝试解决学校教育中的问题。联系本校的实际，把各自在跨界融合课程中得到的小收获转化为在本校实践的"小浪花"，不断对自己的管理行为进行反思，从而不断提升自己的管理智慧。

（1）以比较研究为方法。

在同质异构中，明确比较的主题，运用比较的方法，在各种跨界的异构中发现新问题、新方法、新途径。通过比较研究，得出适合学校跨界融合的理念、技术和方法。

（2）以同伴互助为桥梁。

同伴互助也是跨界融合中最直接、最常用的方法。跨界课程中，倡导学员与外界个体之间进行广泛的对话与合作，营造同伴互助、经验共享的智慧共同体。也可以将学员个人的经验与才智，与外界进行反哺式的交流，形成不同领域、学科的跨界学习共同体。

（3）以解决问题为目标。

在跨界融合的过程中也会不断地发现新问题，所以我们在跨界中要注意避免那些看似有趣但却没有实际意义的话题，以保证在有限的时空里研究有价值的问题。

4. 多元评价，着陆实践运用

有效的跨界，应该贴近教师需求、贴近教育实际、贴近学校实际，以教育发展的规律为依据，落实行为改善，让教师把跨界知识转化为自我能力。以问题解决为重点，以任务驱动为抓手，以学员行为的持续改进为目标，激发学员内在的潜能，增强学员在未来职业生涯发展中的后劲。

四、跨界融合的注意事项

跨界融合虽然有很多好处，但是也不是没有缺陷。干部培训部门在引进跨界融合的理念、技术、资源的时候,还需要注意几个相关问题。

(1) 跨界融合一定要量力而行,切不可盲目跨界。特别是要注意跨界融合的契合度问题。隔行如隔山,跨界并非万能。合适的跨界才是好的跨界。

(2) 跨界融合一定要结合自身实际情况,切不可人云亦云、随风跟潮。看到其他培训部门引进了某门课程、某位专家,就不做调研研究,迫不及待请进来,有的时候会出问题的。

(3) 跨界融合一定要选择有共通点的领域和合作对象,切不可为了"跨界融合"而盲目跨界融合。跨界融合要有共通的点,要有融合的可能,要"门当户对"。

(4) 跨界融合一定要在最终的成效上与目标达成一致。跨界融合意味着进入全新领域,寻求新的增长点,找寻创新升级的动力源。跨界融合思维、技术引入干部培训后,能否真正指导我们的实践,这一点也需要干训部门在实践中加以关注。

(5) 跨界融合一定要保持一颗平常心。跨界融合是一种理念、一种技术、一种途径,对其最终结果不必过分执着,要保持一种平常心态。能从中发掘一点或几点利于自身发展壮大的积极因素,能借到一点力,就是有效的跨界融合了。

第三节 跨界融合的路径

跨界融合作为学校干部培训的新思路与新方法,它不同于以往的培训方式。它重体验感悟、重启发碰撞、重现场实操。黄浦区教育学院干训部近年来与教育机构合作,引入厨艺、茶艺、陶艺特色课程与特色教师;与上海交通大学、复旦大学、华东师范大学、上海师范大学等高校合作,引入高校特色课程与教授资源;与艺圈、东方绿洲等校外机构合作,引入音乐拓展与户外拓展课程;与携程、摩拜、科大讯飞、大朋VR等企业合作,引入企业的场地、设备与专家资源。

跨界课程"新生代群体的崛起——未来世界需要什么样的年轻人",直击未来,为学校干部成就未来奠定了基础;课程"完美公关——媒体沟通与危机管理",短时间内让学校干部了解了新媒体,速成了媒体沟通程序与技巧;课程"引力波的发现",展现了自然科学探索与人文精神结合所表现出的天、地、人合一的完美,学校干部深深被天文学家孜孜不倦、乐此不疲的精神感染;课程"人文尺度的城市空间"阐述了现代社会的空间环境与人类发展的关系,让学校干部同感人文空间变化的必然与向善至美的发展;课程"点'时'成金——时间与目标管理",在活动实践中引导学校干部自我感受与剖析,在提高处理事务的鉴别能力与逻辑能力的过程中发现自我,完善自我;课程"宝玉石赏析与鉴赏"通俗易懂,既满足了学校干部的好奇心,也提升了大家的眼界和鉴别能力。

在实际操作中,我们分别从先进理念、课程资源、先进技术、专家资源四条路径进行了跨界融合。

一、先进理念的跨界融合

随着互联网思维、虚拟社区、人工智能、3D、虚拟现实技术(VR)等先进技术的迅猛发展,人们的生活正在发生翻天覆地的变化。相比较而言,我们的校园还显得相对保守,甚至有些故步自封。我们的教育也需要了解、领会科技发展的新领域、新成果。于是,我们请来教育外的专家,来给我们讲这些先进的理念。

我们请来了上海交通大学物理与天文系教授给学校干部讲引力波的发现。教授带领大家走进了目前最前沿的科学研究领域——引力波。他先从基本概念"力"出发,到引力,再到引力波;从爱因斯坦出发,到牛顿,再到伽利略,通过层层递进式的教学,引领着干部们一步步认识、了解引力波。不仅如此,教授还通过一个个令人震撼的视频、一张张令人无限遐想的图片让干部们对引力波有了更为直观清晰的认识,真切地感受到了宇宙的磅礴与伟大。课程内容虽然有些晦涩难懂,但是大家跟随着教授的讲解,徜徉在浩瀚的宇宙中,时而静静地思索着,时而认真地做着笔记……显然被这神秘的引力波深深地吸引住了。

我们请来了上海交通大学海外教育学院教授讲述人工智能的发展和应用。教授先从国内外近期发生的几则事件入手,然后针对美国、欧洲各国、日本及中国等各个国家的人工智能发展趋势做深入分析,接着利用幻灯片和视频,结合一个个鲜活的案例,让学校干部了解什么是人工智能(AI)、它的技术发展到了什么水平等,以及由此产生的一系列问题。教授采取演讲授课和现场提问交流的模式,深入浅出、睿智风趣的讲课风格,让原本有些神秘的人工智能通俗易懂,每一位学员都深受启发和教育。

我们请来了上海大学管理学院博士,以"互联网时代的创新与思考方式"为题给学校干部带来互联网思维的冲击。曾为中国银行、中国电信、万科地产等几十家企业提供过咨询和培训的博士,由风靡全球的"手游"引入,用鲜活的事例、翔实的数据和生动的语言,从一个全新的角度带领着学员们进入了互联网世界。博士的讲座看似是介绍如何在互联网不断快速发展的背景下,有效利用网络游戏进行产品营销,实则是在提醒大家:学生的自主性越来越强,社会对网络的依赖日益明显。当有人抱怨现在的孩子难管、不爱学习、沉迷游戏、课难上的时候,是否可以换个角度想想,如教学设计、活动安排是否有趣、有价值,学生是否有获得感,等。因此,作为学校干部,应拓宽眼界、转变观念、顺势而为,不应将网络(特别是游戏)视作阻碍学习的洪水猛兽,而应更好地利用互联网等资源开展教育教学,设计出更具有创新性和时代感,学生热爱参与的课程和活动等,从而构建既实现教育功能又让学生学有所得,同时也满足老师和学生个人成就感和实现自身价值的良好的共赢关系。

博士的讲座深受大家欢迎。我们再一次请他以"互联网思维与商业模式创新"为题,和学校干部进行了一场跨度更大的跨界讲座。博士以"新氧——国内最大的医美社区"为例,用翔实的事例和数据,通过诙谐幽默的语言,跟老师们讲述了在移动互联网时代的大背景下,如何在快速移动的碎片化环境中,动态实时地发现、感知、理解一个个活生生的用户的真实需求,并通过交流、沟通、实现、满足和创造用户的需求,进而实现企业的商业价值,传播和放大企业的品牌价值。这是一种新的商业理念,一种新的商业创新,它让参与培训的学校干部深深体会到,互联网的时代激发了我们更多的创新意识,提高了我们的创新能力,互联网的精神也激励我们加快更新的步伐,开阔眼界。

二、课程资源的跨界融合

学校干部培训一般包括价值领导(政治理论与党性教育、学校文化建设)、教学领导(课程与教学理论)、组织领导(学校管理理论)、学校管理实务(资源领导、公共关系)等板块的课程。这些课程有一定的内容和规范,不宜做太多的突破。我们尝试着在这些传统课程之外,引入一些不一样的干部课程资源。

我们引进了专业老师开发的领导力沙盘模拟课程,包括"点'时'成金——时间与目标管理""盗梦空间——情境式教练领导"等四个模块。其中"点'时'成金——时间与目标管理"模块给一些学校干部留下了深刻的印象。学校事务繁多,管理者经常有兼顾不暇的时候,一整天忙得不可开交,但是效率极其低下,完全不知道自己都做了什么,毫无成就感。要做的事情一多,如何有效利用时间就成了一个大问题。课程通过沙盘模拟推演,让干部们明确时间和人的关系,掌握日常时间管理的五个重要步骤,掌握做工作计划的方法,让时间"具体化"。通过模拟任务类别、任务事项、计划、实施、资源、收益、衡量指标等几大关键要素,每一个学校管理者都能更清楚地看到工作全局,做好自我时间管理,发挥自我和教师的最大效能,努力成为时间的主人。通过学习,学校干部了解到时间管理并不是要把所有事情做完,而是要更有效地运用时间。时间管理的目的除了要你决定该做些什么事情之外,还要你决定什么事情不应该做。

图 5-1 学员在体验领导力沙盘模拟课程

我们请来了艺圈的弦乐四重奏团队。他们带来了艺术素养课程"如何聆听音乐",引导学校干部走进古典音乐的艺术殿堂。艺圈老师将讲解穿插于演奏之中。弦乐四重奏现场演奏《莫扎特 G 大调弦乐小夜曲 K525 号》的第一、二、四乐章时,老师讲解了莫扎特的生平,让学校干部带着想象,通过屏幕中的画面,走入莫扎特的世界,感受时而柔和时而欢快的氛围。对于维瓦尔第经典作品《四季》,大家都耳熟能详,在演奏《冬》的第四乐章、《春》的第一乐章、《秋》的第三乐章之前,艺圈老师现场先演示了弦乐如何演奏出鸟语花香、春雨春雷、秋猎等场景,让学校干部有了简单的了解之后再进行了整个乐章的演绎,带老师们用耳"看"春夏秋冬。现场还有很多互动问答环节,老师们热情高涨,积极参与。惊喜连连的视听盛宴,内容新颖的培训形式,不仅丰富了老师们的个人涵养,加深了老师们对音乐的认知,也刺激着老师们想象力的发展和创造力的开发。

图 5-2　学员在欣赏弦乐四重奏现场演奏

我们请来了国家级摄影师给学校干部讲手机拍摄的实用技巧。"生活中,你会对朋友圈中哪些照片点赞?"培训伊始,摄影师就"抛出"了一个贴近日常生活的问题,在引导学校干部对"审美"进行深入思考的同时,激发了大家对手机摄影的兴趣。随后,摄影师向大家普及了光圈、快门、焦距、白平衡、布光、构图等摄影基础知识,并对"手机摄影题材的分类""摄影和随拍的区别""手机摄影的优劣势""手机摄影的应用技巧""手机摄影的配件选择和应用""如何使用手机拍摄人像""手机 APP 修图入门"七个手机摄影中的热门问题进行了详细讲解。

除了讲座,摄影师还为此次培训精心设计了现场操作实践环节,他组织学校干部以身边小物件或邻座学员为拍摄对象,开展静物和人像的拍摄练习,并对大家的作品进行了即时点评。郑老师的手机摄影专题培训注重原理与实践相结合、激趣与导思相结合,样例丰富,图文并茂,语言幽默,在普及手机摄影知识的同时,强调"发现美、珍惜美,会生活、爱生活"的理念,引发学员对"美""审美""美育"等关键词的深思,让学员们在轻松、活跃的互动环境中满载而归。他用唯美的图片告诉学校干部,只要使用得当,用手机拍摄中小学校园也可以拍出大片的感觉。他还着重介绍了诸如 snapseed 这样的照片处理软件,大家发现 snapseed 的修图功能超级强大,而且易于掌握和使用,比平时常用的美图软件更好。在老师讲授的过程中,干部们赶紧从自己手机中翻出几张收藏已久的图片进行了修图。大家发现这款软件超级好用,尤其是其修复功能,可以把画面中误拍到的事物迅速抹掉,不留一丝痕迹。手机摄影是学校干部们平时没有机会去认真琢磨、仔细研究,而在教学、生活当中又会经常接触的领域。因此,这样的培训真的是能起到"补缺补差"的作用。

我们带领学校干部前往上海市商贸旅游学校职业体验中心。学校干部根据各自兴趣与特长报名了不同的体验项目,有陶艺彩绘、插花、木工制作、油画创作等等。在各个体验教室里,学校干部认真聆听老师的讲解,通过灵巧的双手和对美的感悟力,专注于所制作的每一件作品上。经过两个小时的体验,每位干部都拥有了一份自己制作出来的作品:一件陶器、一件木器、一幅油画、一盆插花……

他们又来到商贸旅游学校烹饪实训中心参与了另一场别开生面的职业体验。学校干部根据自己的兴趣在中餐烹饪、西餐烹饪、中式点心、西式点心四个项目中选择了一项进行体验,由烹饪实训中心的专业老师进行授课。干部边示范边讲解操作要领,学员们围着老师,不管是否有"实战"的经验,都仔细聆听,并提出自己的问题,现场气氛非常和谐。在之后的操作环节,每位学员穿上围裙,认真按照要求进行制作和烹饪,学生助手也在一旁辅助帮忙,整个厨房忙得不亦乐乎。香煎明虾、锦绣脆皮凤尾虾、黑森林蛋糕、蛋黄酥……一道道菜品、点心在制作完成后被排在了一起,老师和学员们共同点评,分享美食,真正体会到不同行业的专业性与创新性。

三、先进技术的跨界融合

随着政府对教育的投入加大,我们的学校中也越来越多地出现高新技术产品的身影。这些蕴含先进技术的产品给中小学校园带来了新的增长点。但是，在实际运用中，或是由于基础设施不配套，或是由于人的观念和意识落后，或是由于学校制度制约，它们往往不能充分发挥作用。有的仅仅是在机房等有限空间使用，有的是在限定时间使用，有的仅限于某些人使用，等等，最后造成资源的闲置、浪费甚至损坏。

我们带领学校干部来到了位于临港新城的科大讯飞上海分公司。

图 5-3 学员参访科大讯飞并聆听公司介绍

走进科大讯飞产品展示层，通过公司人员的介绍，学校干部们才真正开了眼界。科大讯飞公司有一句口号是"让世界聆听我们的声音"，科大讯飞的语音系统已用于智能机器人、智能电视导览系统等多项产品及 APP，技术辐射到医疗、教育、通信、家居等多个领域，其语音技术已在世界领先。与教育密切联系的智学系统能够集讲解、阅卷、质量分析、错题归纳、微课录制等多功能于一体，真正体现了科技对教育的巨大推动力。在听了公司人员的介绍后，许多干部对这些新技术产生了浓厚的兴趣，纷纷咨询交流，想必对学校教育教学改革也有了新的思考。

我们带领学校干部来到了上海交通大学闵行校区，参观了中意绿色能源实验室和电子信息与电气工程学院。

图 5-4 学员参访上海交通大学闵行校区

在中意绿色能源实验室,工作人员重点介绍了实验室建筑的建材特点和设计理念。随后学校干部分两批参观了实验室一楼的除湿空调实验室的除湿换热器、空气取水和化学储能供热设备,二楼的热性能测试实验室的高性能设备,以及三楼楼顶的太阳能光伏系统、太阳能光伏空调、太阳能集热器和太阳能烧烤机。这些先进技术的前沿性、无害性、可持续性,都让学校干部叹为观止,他们纷纷表示希望在自己学校的课程设置、硬件配备中,引入最前沿的技术创新成果。在电子信息与电气工程学院,学校干部参观了学院的院史和成果展示厅,讲解员重点介绍了学院的历史沿革、系科设置、学科特色、师资力量、学术成果、历届校友等。辽宁舰舰长张峥和院士饶芳权、梅宏、Anders Lindquist 等校友、教授的事迹也同样引起了大家的浓厚兴趣。参观的过程中,大家真正体会到了什么叫"科技是第一生产力"。

四、专家资源的跨界融合

学校干部培训的专家一般都来自本系统,他们熟悉教育改革的方向,掌握教育教学的规律,了解师生身心发展的特点,他们的讲座比较贴近学校干部工作的实际。但是,正因为来自本系统,他们的讲座往往就教育谈教育,虽然专业、规范，但是往往在原地兜圈子。而且由于专家资源紧缺，会出现某些专家年年见、某些课程年年听的尴尬局面。为此，我们尝试着从教育系统外引入一些不一样的专家资源，借用他们的专业和智慧，启发我们的学校干部。

我们请来上海交通大学科学史教授给学校干部讲"当下科学争议背后的几个原则问题"。教授的讲座并不晦涩难懂。他深入浅出，讲的是高深的科学，但即使是文科背景的老师也都能够理解。在此之前，从事学校管理的干部们很少会质疑书上写的科学家研究的科学结论、权威的科学观点。但教授运用了三个十分贴近人们生活的事例，引发在座的所有学校干部对"科学争议的三个基本认识"和"三个原则"进行思考。例如，充满争议的"转基因主粮问题""气候科学问题"和"核电废料问题"，不同的利益方站在不同的角度都会产生不同的看法。此时，争议便出现了。面对这样的科学争议，教授让大家认识到科学是在不断发展的，科学总是具有局限的，对科学的认识不能停留在旧印象中。只有基于以上原则，我们才会更加客观地去倾听争议中所有安全和利益的涉及方的发言；从国家和人民的利益出发，思考、判断科学争议中的利益格局。最后，他进一步明确，科学归根结底是工具，是为了建设国家、为了人民的生活更加幸福所用的工具。教授的语言生动、案例鲜活。而他更是在讲座最后提出"低龄儿童，特别是学前期建议从人文素养着手"的观点，这再度引发了大家深层次的思考。在学习了教授的专题报告后，我们学校的干部认识到：作为学校管理工作的责任人，更加需要用发展的眼光、辩证的态度，分析、判断接触到的各类科学问题，用行动研究的方法解决实践中的各种教育问题。

我们请来了上海复旦大学社会发展与公共政策学院教授给学校干部讲"人文尺度的城市空间"。教授把城市空间和人文概念紧密联系在一起，让原本生冷的城市建筑和环境有了温度和灵魂。教授带给学校干部们一个问题。"空间如何以人为本？"在如今的城市里，地铁站、办公楼、购物中心的选址基本上取决于它离住宅中心有多远。空间的设计已经不再围绕工厂，而是围绕着生活区域。在这样一个空间模式下，人们就会把家作为自己生命或是生活的主轴，接受了以家为中心的这样一种生活方式，也将把更多精力放在对家庭生活的经营中。但"以家为中心"无疑会产生对公共空间和集体活动空间的某种疏远，这也是当下的城市空间实践带来的新问题。而当城市开始走上追求空间利益最大化的道路时，人文空间的理想也会渐行渐远。

在"空间如何以人为本？"的追问下，作为一个教育工作者我们同样追问："教育如何以人为本？"正如"城市的多样性"带来"社会的多样性"，教育应该给予每一个不同智力与背景的不同个体独特的教育方式，给予他们更为细致的学习需求的满足，呵护每一个童心，这样的教育才是有温度的教育，是人文的教育，是有意义的教育。教授说得好："人文意义的无形建构不仅能给居民带来社会支持，还将赋予他们更多生活意义感和价值感。"同样，人文意义的教育不仅让学生学会知识，更让他们能在学习的过程中感受更多的意义感和价值感。富有人文关怀的教育是充分关注每一个孩子的天性，用富有活力与关注度的学习方式助孩子的人性成长与人格发展。"这个城市不只以它的高楼和商业繁华闻名于世，也以它的文化和富有意义的人文气象傲然于世；让这个城市的青少年从它的历史、文化创造、品味和大气磅礴的氛围中，养成性格和态度"，"孩子们会使用各种方式玩耍与学习，而他们那种近似于玩耍方式学习的魅力正在于那种随处都在的自由自在的感觉，那份可以在人行道上跑来跑去的自由"。

我们请来了专业律师给学校干部讲学校危机应对与媒体公关。律师认为：在当前经济全球化、社会信息化、教育大众化的时代背景下，作为社会机体最活跃、最重要组成部分之一的学校，各种思想不断交汇，突发事件时有发生，这不仅会影响学校正常的教学工作秩序，也会引起政府和社会公众的广泛关注，给学校的教育教学工作带来不小压力。作为一名长期服务区县教育行政部门和学校的法律服务工作者，在校园危机事件公关与媒体应对方面具有极为丰富的经历和经验。他首先分析了当前不断涌现的新媒体和当前媒体环境对学校教育的影响，在日常管理工作中加强舆情监测、分类和疏导的重要性，然后列举了许多真实的案例，深入浅出地讲解了在突发事件中应对媒体的基本原则，明确提出危机中应对媒体的四个基本原则：第一时间，第三方原则，口径统一，留有余地。他让大家深刻认识到，依法处理危机和应对媒体，直接影响到事件的传播与处置效果。干训班的学员在学校都负责着重要岗位的管理工作，在面对校园突发事件时，尤其是在遇到媒体不实报道时，经常会感到措手不及，普遍缺乏校园突发事件应对和媒体应对的技巧和经验。律师的讲座犹如雪中送炭，翔实的案例分析、巧妙的应对措施，让大家豁然开朗，切实提高了对校园突发事件的应对能力。

我们请来了著名古玉鉴定专家,做了一场力度很大的跨界讲座。专家采用理论与实践相结合的授课方式,运用深入浅出的语言、通俗易懂的比喻,让学校干部学习不同品种的玉的辨识方法:"和田玉像浓浓的稀饭,俄罗斯玉像泡饭,青海玉像小米粥……"形象、生动,就像识别家中煲的粥饭一样简单。最意想不到的是,专家还带来价值连城的宝玉、翡翠让学校干部触摸、感受,边听边学,这样的授课方式吸引了所有听课者的注意力,会场内人人都跟随专家的言语思考、观察、议论,这种高质量的讲座难得一遇。专家强调要以生活为中心,以人为本位,从多元性、晋级性、延续性的活动,培养综合、实用的能力,以适应现代生活的需要。授课中涵盖了人与自己、人与社会、人与环境等多个层面,顾及资讯、环境等多个议题。

第四节 案例分享:跨界融合的学校管理

在学校干部培训中引入跨界融合的理念和元素,是黄浦区教育学院干训部"十三五"期间的有益尝试。以往,学校干部研修领域往往集中于教育系统,或考察基础教育名校,或聆听师范高校教授关于教育的讲座。跨界融合的培训,完全打破了"门户壁垒",从其他行业、学科中寻找新的思维和视角,使我们每一位参与的学校干部有了全新的视野。

管理者的视野和境界成就了一所学校,也决定着这所学校教师的教育深度和广度。因此,每一位学校管理者必须加强学习,不仅要掌握本行业的专业知识和技能,更需要从其他行业中"借智",博采众长。团队管理的过程中,学校管理者要有引领,才会有追随者,如果管理者不跨越知识的界,就完全有可能被其他人超越。做基础教育,太需要常跨界思考,只有这样才不会"只缘身在此山中",正如约翰·斯图尔特·密尔在《自由论》中所说:"一个人能够对某个问题有所知的唯一办法是听不同的人对这个问题所提出的不同意见,了解具有不同思维特点的人是如何使用不同的方法来探究这个问题的。"对教育而言,拥有了跨界融合的思维,也就成就了教育的智慧。

一、跨界理念引领学校发展案例

 案例1

七色花小学的顾炜老师,结合学校的艺术教育特色,将其与科技进行跨界融合,开发了一门含有艺术元素的信息拓展课——DV数码影视,不仅丰富了校本课程的体系,而且提升了学生信息科技的能力,这一课程还进入了区域干部培训课程库。

艺术与科技的跨界　引领校本课程开发

上海市七色花小学　顾炜

广义的课程是指学校为实现培养目标而选择的教育内容及其进程的总和,它包括文化课程、活动课程、实践课程、隐性课程(一般指除了上述几类课程,一切有利于学生发展的资源、环境、文化等)。学校的主要作用在于"育人",而课程则是实现学校功能的重要途径。除此之外,课程还是学校营造育人文化的主要载体,促进教师发展的原动力,学校发展的重要体现,因此课程的品质决定着学校的教育质量,更关系着学校的生存与发展。

课程领导是指引、统领课程改革、课程开发、课程实验和课程评价等活动的行动总称,它的目的是影响课程改革与开发的过程和结果,实现课程改革与开发的目标。由此可见,课程领导能力是影响学校课程品质的关键因素。

那么,作为一名校长该如何去领导学校的课程建设呢?数年前,作为一名教师,我曾亲身感受过校长的课程领导能力。

作为一所艺术教育特色学校,学校一直践行着"立美育人"的办学理念。学校领导认为美育不应仅仅体现在艺术类学科或艺术类活动中,而是应该渗透在学校的文化课程、活动课程、实践课程、隐性课程等各类教育环节中。然而,作为一名任教以逻辑、技术为主的信息科技学科的教师,我有些茫然与无奈。经过苦思冥想,我决定开发一门有点艺术元素的信息拓展课——DV数码影视,以达到向艺术方面"靠一靠"的目的。

那一日,我找到校长,开门见山地对她说:"校长,我想开设一门DV拓展课程。""什么是DV?"她问。我心想：完了！校长不清楚这个东西，被否决的可能性极大。要知道，在数年前DV还属于新鲜事物，更别说在基础教育阶段开设这样的课程。我忐忑地说："DV是Digital Video的首字母缩写，其中文意思为数字视频。我把它定位于'电影艺术的雏形'。说简单了就是用数字化设备拍摄视频，让学生自编、自导、自演，自己用信息化设备进行后期编辑与包装……"校长想了一会儿，说："这是个好东西啊！""有戏！"我暗自兴奋。她顿了顿，接着说："这样的课程符合教育发展趋势，不仅能促进学生形成21世纪知识经济社会所需的认知能力和信息技能，还对培育学生的审美能力、创新意识、信息素养与思想道德均有显著的作用，应该是一门融美育、道德、信息、表演、创新于一身的综合类学科，能够促进学生综合素养的提高。"我愣住了，这是几分钟前，还在问我"什么是DV?"的那位校长吗？"我觉得，"她接着说，"这门课程蕴含着丰富的育人资源，如何为DV课程定位一个合理的课程目标，是利用好这些育人资源，促进学生发展的关键。我建议以'发现美、欣赏美、创造美'为目标，这不仅将课程'用镜头捕捉美好事物'这一特性分层次体现出来，而且也吻合了学校立美育人的办学理念。我将支持你开发这门课程……"

在随后数年中，校长始终关注着DV课程的建设与发展。无论是硬件环境构建、课程开发实施，还是内部资源调整、外部资源引入，都竭力为课程发展搭建平台。DV课程的良性发展让学校获得了"上海市影视教育特色学校""'小伙伴'电视台基地学校"等称号，在市、区都形成了一定知名度。

现今，随着社会经济发展、教育观念更新，越来越多的学校认识到影像类课程所蕴含的教育价值，亦开设了相关课程。日前，我在与校长谈论DV课程发展时，无意中谈起当年课程诞生的情形。我问校长："当时这么个新生事物，您怎么会同意让我去搞，而且还投入不少资源？"校长笑笑说："价值，一门课程的价值分为三个层面。学校看的价值是'课程是否符合社会需求、是否符合教育规律、是否符合学校定位、是否有利于学生发展'，这些我看到了；学生看的价值是'课程是否有趣、是否好玩'，这些我预见到了；家长看的价值是'我的孩子是否有收获、有成绩'，这个不好说。但是，我认为只要符合社会发展、教育发展、学生发展，收获与成绩是必然的。对于这样一门教育资源丰富的课程，我们有什么理由不让学生尝试一下呢？这些年过去了，回头看看当时的这些投入是值得的……"

 **案例2**

海华小学的储颖老师,发现日常学生出操的秩序有些混乱,含有安全隐患,于是跨界引入消防安全逃生演练的具体流程和操作方式,既确保了学生安全,又提升了学校内部管理效率。

调整广播操路线　保证学生安全生命线

海华小学　储颖

开学第一天的清晨,熟悉的广播操音乐又一次在耳畔响起,随着旋律我起身准备到操场巡视学生们的早操情况,可刚来到走廊却发现学生们都被堵在那儿,我挤到楼梯口往下张望,只见前面还有好几个班级正在缓慢地前行,抬头往上一看,上面的走廊里还有几个班级在等待。

看到这个场景我不由得纳闷起来:这是怎么回事?哪个环节出现了问题?广播操结束后我立即来到了体育办公室,把刚才在走廊中的一幕告诉了体育老师们。体育老师说:"新学期每个班级的进出场路线更改了,而且两校合并后班级多了,难免会有些拥堵。"听了这个解释,我眉头紧锁,心想:安全工作是学校工作的重中之重,安全工作中最小的细节也不容忽视。于是我对体育老师说:"进退场的方案要改,绝不能像今天这样,具体的方案我们一起商量。"体育老师们面面相觑,点了点头。

走出办公室,我也知道由于教室地点和操场大小的限制,要改出操时进退场的方案的确是困难重重,于是我上报了校长室请求帮助。校长十分重视,立刻召开了安全工作小组会议,由校长室牵头,在教导处、总务处等多方协助下对如何重新绘制学生的广播操进退场路线进行了详细的讨论。最后决定将学生广播操进出场的路线与消防安全逃生演练时的逃生路线保持一致。这样既能让学生更加熟悉安全逃生路线,在突然事件下能够以最快的速度、最近的路线进行逃生,也避免了班级的互相冲突。方案确定后,即通过德育处协调班主任和教导处,组织体育老师对学生进行了训练。

现在,每天出操和退场时各班学生们能够按照消防安全逃生路线行进,走廊中再也没有了拥堵现象,这个方案最大限度地保证了学生在突发情况下安全生命线的畅通无阻。

二、跨界技术提升学校管理案例

案例 3

市南中学的林一栋老师,针对学校内部维修的管理难题,引入手机 APP,在后勤管理中进行了跨界的尝试。这大大提升了学校总务日常工作的效率。

借助智能手机提高总务日常工作效率的探索

上海市市南中学　林一栋

在学校总务处繁杂的各项工作中,维修是发生频率最高的日常工作。

传统维修工作整个操作流程是:报备、联系维修人员、维修。物品损坏报备有两种途径:一是由老师直接打电话向总务处相关人员口头报备需维修的物品及地点;二是老师派学生到总务处,在报修本上填写需维修的物品及地点。然后,总务主任根据损坏物品的种类,电话联系水电木工维修人员或是电子设备维修人员或是校外专业维修人员。最后相关维修人员到现场进行维修作业。

目前市南中学正在尝试利用智能手机,通过"钉钉"这款 APP,针对学校维修工作设置符合市南中学实际情况的审批实施流程,高效率地完成维修工作:老师只需点开手机上"钉钉"这款 APP,选择工作区,根据损坏物品类型选择总务报修或是电教报修,再填写报修地点和报修内容等相关信息,也可上传照片,一键提交。预设的审批人(总务主任)即时得到手机提醒,在审批或批注意见后维修人员手机上即时得到信息提醒,即可马上开展维修工作。整个流程不过 1 分钟。

【分析】

1. 事实证明传统模式有很多弊端

(1) 打电话方式因为环节多,一旦某个环节找不到人,耽搁下来,就容易被遗忘,要反复报修,工作效率低。

(2) 学生填写报修本的方式周期长,维修人员只在固定时间去看报修本,再根据报修本登记的内容去维修,工作效率低。

(3) 以文字形式填写报修或口述形式报修,对于较复杂的维修项目,由于不能直观了解现场,维修人员往往要反复跑现场,或到现场才知道要联系校外专业维修人员去修理,容易损耗时间做无用功,工作效率也较低。

2. 现阶段新模式尝试的总结

(1) 明了的操作界面,简单的个性化定制流程,让使用者深深感到这款免费的"钉钉"APP"如此简单却可使命必达"!客观上拉近了我们和马云的距离。

(2) 解决了所有传统模式下的弊端,"只有想不到,没有做不到",只要有心,就能继续完善。

(3) 争取将更多的总务工作纳入这款 APP 的工作范畴(物品采办的审批等)。

案例 4

向明初级中学的王凤翔老师,针对目前学校收费中银行代扣和现金收款两种收款方式的缺陷,将现代支付技术与学校后勤管理跨界融合,积极引入第三方收付方式到中学校园,不仅提升了学校财务工作的效率和安全性,而且大大便捷了家长,减轻了班主任的工作负担。

引入第三方收付平台　提升学校财务收费效率

向明初级中学　王凤翔

收费工作是学校总务工作很重要的一个环节,学生收费牵涉所有的学生和学生家长。虽然作为义务制教育的学校没有很多的收费项目,但每月的学生午餐费的收取需要投入大量的人力资源。

目前我们区的学校大部分采取两种收费方式。第一种方式是银行代扣,就是为学生办好银行卡,要求家长在规定时间之前存入本月的餐费,再由银行一次性在银行卡上扣除相应的费用。第二种方式是现金收款,就是将每月需要收取的餐费金额告诉班主任,班主任通知家长第二天叫学生带好餐费统一交给班主任,再由班主任交到财务室。

两种方式都有自己的优点,同时存在着明显的缺陷。先说说银行代扣,其最大的优点是没有现金的往来,班主任所要做的工作就是通知家长收费金额,银行自动扣除相应的卡内金额完成缴费,而缺点是如果学生卡内余额不足,就会出现扣款未成功的情况,这时财务人员要调取大量的银行回单进行一一核对,查找出扣款未成功的学生并再次通知班主任,进行第二次扣款甚至于第三次扣款,这样,原来效率最高的收款方式可能因为一两个学生扣款未成功而造成一次收款的周期很长。现金收款的优点是收款工作可以在一天之内完成,无须与银行反复核对,缺点也是显而易见的,即班主任工作量大、学生携带现金不安全、时常会收到假币而造成无法处理等。

我校今年为解决学生收费的问题,大胆尝试与支付宝签订教育缴费的协议,通过第三方支付平台来解决困扰我们这么多年的收费问题,并取得了良好的效果。随着社会的发展,移动支付的概念已经在好几年前就进入我们平常百姓的生活,如支付宝、微信支付等。运用支付宝收费的具体方式如下:午餐供应单位把当月用餐天数和收费金额报给学校财务人员,财务人员制作好收费清单,登录到支付宝后台上传清单并发送缴费账单到支付宝;班主任通知家长上支付宝客户端根据学生的姓名和学号进行匹配,然后缴费;财务人员查询缴费情况,对未缴费的家长直接在后台提醒其完成缴费,收费完毕后一次性将支付宝内的金额转入银行,完成本次的缴费工作。如此一来,家长只要有支付宝账号就可以轻松完成缴费,班主任和财务人员也不需要花大量的时间用在银行账单的核对工作上面,也不会出现收取现金所碰到的一系列的问题。这种运用第三方支付平台来完成缴费工作的方法既安全又方便,值得推广。

 **案例5**

威海路幼儿园的颜艳老师,关注工作细节,将现代企业管理制度与学校后勤管理进行跨界融合。参考某些大型企业所用的 ERP 系统,设计了威海路幼儿园采购申请单。一张小小的单据,里面却大有学问,真实有效地提升了学校管理的秩序和效率。

小小申请单大有学问

威海路幼儿园　颜艳

总务管理实践中,有很多事总被我们认为是细枝末节的小事,不经意间被我们忽略或者忽视,时间一长,这些所谓的小事可能就变成不那么小的事,甚至可能变成比较严肃的大事了。实际上，总务工作就是管理一系列的小事杂事，这些小事杂事构成了幼儿园教学的基础，在一定程度上促进或者影响了学校的教学发展，有理由持续不断地改进。

如何持续改进呢？其实是不需要什么大道理的，围绕每项工作，多一些思考，多一些研究，也许就走出了持续改进的第一步。

举例来说，对于幼儿园的采购工作（我们这里讨论的采购不包括食堂采购），此前多年来，我们都按照习惯来操作，而且我们幼儿园很小，就几个班几个人而已，我们自认为搞得清，因此采购工作相对简单。老师们说需要这个或需要那个，我们总务就去采购。采购行为完成后，就交给提出需求的老师，这个流程就结束了，或者说这个事就结束了，因而谈不上什么流程。

但是，这样做问题很多。比如过了一段时间，可能就没人知道为谁买了什么、买的物品状况如何了、是否还需要重买等等。

在困惑中我们感觉到，应该建立某种体系用来管理物品的采购，这个体系可以根据进程和需要持续改进。于是，我们借鉴了某些大型企业所用的ERP系统，设计了威海路幼儿园的采购申请单。这一申请单需要填写申请人、申请采购的物品、用途、采购时间、使用人等内容。这样，采购行为本身就有了可追溯性，采购来的物品的下落也有了交代，物品本身也有了可追溯性，这也方便了仓库的管理。这个采购申请体系跟大型企业所用的ERP系统相比，虽然无法相提并论，但却异曲同工，简单的体系就把我们幼儿园的采购行为规范和管理了起来。

现代企业管理的很多优点，完全适用于像幼儿园或学校这样的事业单位，单位大小是无所谓的。管理其实是系统的建立和不断完善的过程，是持续改进的过程。没有体系的建立和实施，没有制度的完善，就谈不上管理。有了体系和制度，一个组织机构甚至可以在领导不在的时候也能正常有效地运作。